KB184782

_____ 님,

쓰디쓴 어제의 씨앗이
다디단 내일의 열매가 되길 기원합니다.

삶이 달콤해지는 하루 10분 영어 필사

쓰다 보니, 달다

명언편

이민호 지음

러티잉 북스

말은 운명의 조각칼이다

'어떻게 살아야 하지?' 고등학교 시절, 이 막막한 질문 끝에 달린 물음표가 저를 압박해 왔습니다. 머리는 행동하길 원했지만 다리는 멈춰 있었고, 주변 상황이 나아질 기미는 보이지 않았습니다. 그러던 어느 날, 서점에서 우연히 집어 든 명언집 한 권이 제 인생을 바꾸었습니다.

책이 해지도록 들여다본 동서고금의 명언들은 저에게 두 가지 큰 깨달음을 선물했습니다. 첫째, 삶을 바라보는 시선은 언제나 긍정적이어야 한다는 것. 둘째, 생각에 뒤따르는 행동은 적극적이어야 한다는 것. 그 후로 "긍정적 사고, 적극적 행동"이라는 말을 제 인생의 좌우명으로 삼고, 제가 가진 모든 책과 참고서의 윗면에 그 문구를 써 놓았습니다. 일상에서 수시로 마주하는 그 짧은 문구가 마치 방패처럼 저의 불안을 막아 주었고, 등불처럼 제가 가야 할 길을 밝혀 주었습니다.

"1억 원의 상금, TV 영어 강사 오디션 참가자 모집"이라는 공고를 접했을 때도 처음에는 두려움이 밀려왔습니다. '떨어지면 어쩌지? 부족한 내 모습이 카메라에 담겨 영원히 남을 텐데…….' 하지만 오랫동안 되뇌어 온 "긍정적 사고, 적극적 행동"이라는 다짐이 저를 옭아매던 불안을 풀어 주었습니다. 그렇게 오디션에 도전했고, 많은 분들의 도움을 받으며 우승이라는 행운을 거머쥘 수 있었습니다.

질풍노도의 시절, 책 모서리를 접어 가며 하나하나 고른 명언과 그 명언에서 뽑아낸 다짐들이 제 삶을 더 나은 방향으로 조각해 주었습니다. 그리고 지금도 종합 비타민을 챙겨 먹듯이 좋은 글을 챙겨 읽으며 더 건강한 삶을 꿈꿉니다. 조각가가 재료를 깎아 작품을 만든다면, 우리는 '말'과 '생각'으로 인생을 조각합니다. 명언을 한 자 한 자 따라 쓰는 일은, 그 '말'과 '생각' 안에 담긴 앞선 이들의 지혜를 마음 깊이 새기며 우리의 삶을 조각해 가는 과정이라 할 수 있습니다.

그래서 여기, '영어 명언' 30개라는 조각칼을 준비했습니다. 이 책에 수록된 명언과 함께 하루하루를 조각해 나가다 보면, 그 시간들이 모여 '더 긍정적이고 적극적인 나', '내가 꿈꾸던 나'를 찾을 수 있을 것입니다. 저도 여러분이 삶을 조각해 가는 여정을 함께 걸어가겠습니다.

자, 그럼 이제 그 첫걸음인 『쓰다 보니, 달다』 '명언편'을 시작합니다.

우리 모두의 더 나은 내일을 위하여
이민호

이 책의 구성 및 활용법

매일 하루 10분, 30일 동안 다음 단계를 차근차근 밟아 가며 필사해 보세요.

1단계 명언 필사하기

엄선된 영어 **명언**과 **한글 번역**을 오른쪽 노트 페이지에 따라 쓰며 그 의미를 음미해 보세요.

2단계 수필 필사하기

영어 수필도 함께 필사하며 명언의 의미를 더 깊게 감상해 보세요. 영문만 필사해도 좋고, 한글 번역까지 필사해도 좋습니다.

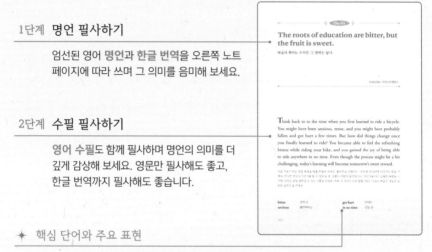

✦ **핵심 단어와 주요 표현**

영어 명언과 수필에 나오는 **핵심 단어**와 **주요 표현**을 확인할 수 있어요.

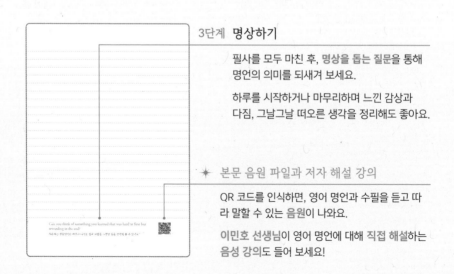

3단계 명상하기

필사를 모두 마친 후, **명상을 돕는 질문**을 통해 명언의 의미를 되새겨 보세요.

하루를 시작하거나 마무리하며 느낀 감상과 다짐, 그날그날 떠오른 생각을 정리해도 좋아요.

✦ **본문 음원 파일과 저자 해설 강의**

QR 코드를 인식하면, 영어 명언과 수필을 듣고 따라 말할 수 있는 **음원**이 나와요.

이민호 선생님이 영어 명언에 대해 **직접 해설**하는 음성 강의도 들어 보세요!

한 주의 필사가 끝날 때마다, 당신의 영어 공부와 인생을 변화시킬 '습관 설계법'을 소개합니다.

습관 설계법이란?

그동안 영어 공부가 매번 흐지부지됐던 이유는 영어 공부가 습관으로 자리 잡지 못했기 때문입니다.
영어 공부를 일상 속 습관으로 만드는, 더 쉽고 오래가는 학습 방법을 알려 드려요.

이 방법을 알면 무엇이든 여러분의 습관으로 만들 수 있고, 더 나아가 여러분의 인생까지 바꿀 수 있습니다.

우리 주변의 모든 '수진 씨'들을 위하여

습관 설계법은 '수진 씨'라는 인물을 통해 전달됩니다. 영어에 자신감이 없던 수진 씨가 필사를 하며 영어 실력뿐 아니라, 삶의 태도까지 바꿔 나가는 과정을 이야기 형식으로 실어 보았습니다.

영어를 공부해 본 사람이라면 누구나 공감할 수 있는 수진 씨의 이야기가 여러분의 필사 여정에 큰 힘과 위로가 되길 바랍니다.

습관 형성 캘린더

여러분의 다짐을 적고, 단계별로 필사를 마친 뒤 진도를 체크해 보세요.
캘린더를 확인하며 30일 동안 차근차근 영어 공부 습관을 만들어 나갈 수 있어요.

습관 형성 캘린더

_____

_____

_____

Day 1	**Day 2**	**Day 3**	**Day 4**
date ____ / ___ / ___	date ____ / ___ / ___	date ____ / ___ / ___	date ____ / ___ / ___
○ 명언 필사	○ 명언 필사	○ 명언 필사	○ 명언 필사
○ 수필 필사	○ 수필 필사	○ 수필 필사	○ 수필 필사
○ 명상과 마음챙김	○ 명상과 마음챙김	○ 명상과 마음챙김	○ 명상과 마음챙김
○ 음원·강의 청취	○ 음원·강의 청취	○ 음원·강의 청취	○ 음원·강의 청취
Day 5	**Day 6**	**Day 7**	**Day 8**
date ____ / ___ / ___	date ____ / ___ / ___	date ____ / ___ / ___	date ____ / ___ / ___
○ 명언 필사	○ 명언 필사	○ 명언 필사	○ 명언 필사
○ 수필 필사	○ 수필 필사	○ 수필 필사	○ 수필 필사
○ 명상과 마음챙김	○ 명상과 마음챙김	○ 명상과 마음챙김	○ 명상과 마음챙김
○ 음원·강의 청취	○ 음원·강의 청취	○ 음원·강의 청취	○ 음원·강의 청취
Day 9	**Day 10**	**Day 11**	**Day 12**
date ____ / ___ / ___	date ____ / ___ / ___	date ____ / ___ / ___	date ____ / ___ / ___
○ 명언 필사	○ 명언 필사	○ 명언 필사	○ 명언 필사
○ 수필 필사	○ 수필 필사	○ 수필 필사	○ 수필 필사
○ 명상과 마음챙김	○ 명상과 마음챙김	○ 명상과 마음챙김	○ 명상과 마음챙김
○ 음원·강의 청취	○ 음원·강의 청취	○ 음원·강의 청취	○ 음원·강의 청취

Day 13

date _____ / ___ / ___

○ 명언 필사
○ 수필 필사
○ 명상과 마음챙김
○ 음원·강의 청취

Day 14

date _____ / ___ / ___

○ 명언 필사
○ 수필 필사
○ 명상과 마음챙김
○ 음원·강의 청취

Day 15

date _____ / ___ / ___

○ 명언 필사
○ 수필 필사
○ 명상과 마음챙김
○ 음원·강의 청취

Day 16

date _____ / ___ / ___

○ 명언 필사
○ 수필 필사
○ 명상과 마음챙김
○ 음원·강의 청취

Day 17

date _____ / ___ / ___

○ 명언 필사
○ 수필 필사
○ 명상과 마음챙김
○ 음원·강의 청취

Day 18

date _____ / ___ / ___

○ 명언 필사
○ 수필 필사
○ 명상과 마음챙김
○ 음원·강의 청취

Day 19

date _____ / ___ / ___

○ 명언 필사
○ 수필 필사
○ 명상과 마음챙김
○ 음원·강의 청취

Day 20

date _____ / ___ / ___

○ 명언 필사
○ 수필 필사
○ 명상과 마음챙김
○ 음원·강의 청취

Day 21

date _____ / ___ / ___

○ 명언 필사
○ 수필 필사
○ 명상과 마음챙김
○ 음원·강의 청취

Day 22

date _____ / ___ / ___

○ 명언 필사
○ 수필 필사
○ 명상과 마음챙김
○ 음원·강의 청취

Day 23

date _____ / ___ / ___

○ 명언 필사
○ 수필 필사
○ 명상과 마음챙김
○ 음원·강의 청취

Day 24

date _____ / ___ / ___

○ 명언 필사
○ 수필 필사
○ 명상과 마음챙김
○ 음원·강의 청취

Day 25

date _____ / ___ / ___

○ 명언 필사
○ 수필 필사
○ 명상과 마음챙김
○ 음원·강의 청취

Day 26

date _____ / ___ / ___

○ 명언 필사
○ 수필 필사
○ 명상과 마음챙김
○ 음원·강의 청취

Day 27

date _____ / ___ / ___

○ 명언 필사
○ 수필 필사
○ 명상과 마음챙김
○ 음원·강의 청취

Day 28

date _____ / ___ / ___

○ 명언 필사
○ 수필 필사
○ 명상과 마음챙김
○ 음원·강의 청취

Day 29

date _____ / ___ / ___

○ 명언 필사
○ 수필 필사
○ 명상과 마음챙김
○ 음원·강의 청취

Day 30

date _____ / ___ / ___

○ 명언 필사
○ 수필 필사
○ 명상과 마음챙김
○ 음원·강의 청취

목차

프롤로그

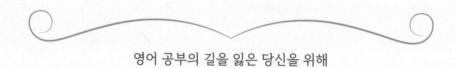

영어 공부의 길을 잃은 당신을 위해

수진은 커피를 마시며 창밖을 바라보고 있었다. 집안일과 육아로 바쁜 나날을 보내던 그녀의 얼굴에서 오랜만에 여유가 느껴졌다. 친구인 현정이 도착할 시간이 다가오자 수진은 설레면서도 한편으로는 살짝 긴장이 되었다. 현정에게 고민 상담을 요청해 둔 상태였기 때문이다.

학창 시절부터 영어가 콤플렉스였던 수진에게 현정은 오랫동안 동경의 대상이었다. 유창한 영어 실력으로 외국계 회사에서 해외 영업을 담당하고 있는 현정의 모습이 그렇게 멋있어 보일 수 없었다. 항상 당차고 자신감 넘치는 현정과 함께 있을 때면 그녀의 자신감이 자신에게도 전염되는 듯했다. 그래서 왠지 그녀라면 자신의 고민을 해결해 줄 수 있을 것 같았다.

그때, 카페 문이 열리는 소리와 함께 현정이 들어왔다. 일이 끝나자마자 왔는지 비즈니스 캐주얼 차림인 탓에, 평소에도 늘 똑 부러지던 현정이 더욱 야무지고 빈틈없어 보였다. 수진을 발견한 그녀가 해맑게 웃으며 손을 흔들어 보였다. 현정은 음료를 주문한 뒤, 자리에 채 앉기도 전에 쾌활하게 물었다.

"자, 무슨 일이야? 어서 말해 봐."

"이렇게 바로?"

수진이 못 말린다는 듯 웃자, 현정이 궁금하다며 다시 한번 재촉했다. 마침 주문한 음료가 나왔고, 수진은 커피를 한 모금 마신 후에 말을 꺼냈다.

"아니, 우리 딸 지원이 얼마 전에 유치원 들어간 거 알지? 거기서 영어 숙제를 내 주는데, 지원이가 혼자 하기 어려웠는지 나한테 도와 달라고 하더라고. 그래서 숙제할 때 옆에서 몇 번 같이 봐 줬는데 그 내용이 나한테도 살짝 어려운 거야."

현정은 수진의 말을 듣고 고개를 절레절레 흔들었다.

"어휴, 벌써부터 고생이다, 고생이야."

"앞으로 지원이 영어 계속 봐 주려면 나도 다시 공부를 해야 할 것 같은데……. 어디서부터 어떻게 시작해야 할지도 모르겠고, 꾸준히 잘할 자신도 없는 거야. 그동안 매번 중간에 흐지부지됐거든. 그래서 너는 어떻게 영어 공부를 했는지 물어보고 싶었어."

"그게 고민이었구나. 나도 예전에 영어 때문에 엄청 고생했잖아. 학교 다닐 때 진짜 열심히 공부했는데, 막상 영어로 말하려고만 하면 입이 떨어지질 않더라고."

수진은 고개를 끄덕였다.

"맞아, 우리 학생 때 나름 열심히 공부했지. 죽어라 단어 외우고, 대학교에 가서는 토익 시험도 준비하고. 그런데 막상 지원이가 뭐 하나라도 물어보면 머리가 하얘지고 아무 기억도 안 나더라. 그동안 뭘 공부했나 싶어.”

현정이 커피를 한 모금 마시더니 손사래를 쳤다.

“에이, 우리가 영어 배울 때는 다 그랬잖아. 나도 너랑 똑같았다니까. 영어만 생각하면 스트레스 받고, 쳐다보기도 싫고, 재미도 없고.”

“근데 현정이 너는 어떻게 그렇게 영어를 잘하게 됐어? 너 대학생 때인가 그때 이후로 영어 실력이 확 는 것 같아, 그렇지?”

“맞아. 기억하려나? 우리 사촌 오빠가 영어 선생님인 거. 이런 말 하기 조금 부끄럽지만, 나는 정말 사촌 오빠 덕분에 인생이 바뀌었어.”

“아…… 기억난다! 네가 예전에 무슨 강의 영상을 보면서 엄청 웃길래 내가 궁금해서 물어봤던 것 같아, 맞나? 사촌 오빠 성함이 뭐랬지? 유명하다고 했던 것 같은데…….”

현정이 웃으며 고개를 끄덕였다.

“와, 너 기억력 정말 좋다. 맞아, 내가 한창 사촌 오빠 강의 영상을 보면서 엄청 웃고 그랬지. 오빠 이름은 민호야, 이민호. 내가 영어를 제대로 이해하고, 영어랑 친해지는 데 오빠가 정말 많은 도움을 줬어. 오빠 덕분에 영어 공부를 아예 새롭게 다시 시작하게 됐다고 해도 과언이 아냐. 그러고 보니까 오빠가 곧 영어 공부법을 주제로 공개 강연을 연다던데! 한번 가 볼래?”

수진은 망설였다.

“강연 한번 간다고 뭐가 달라질까? 내가 어렸을 때부터 학원에, 인터넷 강의에, 학습지에, 안 해 본 게 없는데 다 별 도움이 안 됐어…….”

“망설이는 마음도 이해는 가지만, 날 믿어 봐.”

현정이 부드럽지만 단호한 목소리로 말했다.

“오빠 강의는 뭐랄까, 좀 신기해. 네가 이전에 들었던 강의들이랑 좀 다를 거야. 영어가 재밌어져. 그리고 영어 공부가 그냥 내 일상이 돼. 아무튼, 이건 직접 들어 봐야 알아. 내가 볼 때 지금 너는 예전의 나처럼 영어 공부를 새롭게 다시 시작해야 할 것 같아. 내가 오빠한테 말해 놓을게."

가만히 현정의 말을 경청하던 수진은 잠시 생각에 잠겼다.

'영어 공부가 일상이 된다는 건 어떤 느낌일까.'

현정의 말처럼 영어 공부를 새롭게 시작할 수만 있다면 더 바랄 것이 없었다.

"알았어, 한번 가 볼게."

현정의 제안을 수락하는 수진의 마음이 불안 반, 기대 반으로 울렁였다.

Learning and Growth

✦ 배움과 성장 ✦

배움의 뿌리는 쓰지만, 그 열매는 달다.

배움의 아름다운 점은 아무도 그것을 당신에게서 빼앗을 수 없다는 것이다.

행운은 준비와 기회가 만나는 순간에 찾아온다.

잔잔한 바다는 결코 숙련된 선원을 만들어 내지 못한다.

다이아몬드란 압력을 잘 견뎌 낸 석탄 덩어리이다.

The roots of education are bitter, but the fruit is sweet.

배움의 뿌리는 쓰지만, 그 열매는 달다.

Aristotle | 아리스토텔레스

Think back to the time when you first learned to ride a bicycle. You might have been anxious and tense; you might even have fallen and got hurt a few times. But how did things change once you finally learned to ride? You became able to feel the refreshing breeze while riding your bike, and you gained the joy of being able to ride anywhere in no time. Even though the process might be a bit challenging, today's learning will become tomorrow's sweet reward.

처음 자전거 타는 법을 배웠을 때를 떠올려 보세요. 불안하고, 긴장되고, 심지어 몇 번이나 넘어져 다치기도 했을 거예요. 하지만 마침내 자전거를 탈 수 있게 된 후, 상황이 어떻게 달라졌나요? 자전거를 타며 상쾌한 바람을 느낄 수 있게 되었고, 어디든 당장 달려갈 수 있는 기쁨을 얻었죠. 비록 그 과정이 조금 힘들더라도, 오늘의 배움은 내일의 달콤한 열매가 될 거예요.

bitter	맛이 쓴	**get hurt**	다치다
anxious	불안해하는	**in no time**	당장, 곧

Can you think of something you learned that was difficult at first
but rewarding in the end?
처음에는 힘들었지만 배우고 나서는 결국 보람을 느꼈던 일을 생각해 볼 수 있나요?

The beautiful thing about learning is that no one can take it away from you.

배움의 아름다운 점은 아무도 그것을 당신에게서 빼앗을 수 없다는 것이다.

B.B. King | B.B. 킹

Let's say you have an expensive statue. No matter how big or valuable it is, the statue can be stolen overnight. But if you know how to sculpt, you can always create another statue again. The benefit of learning is similar to this. No one can ever take away the knowledge and experience you have gained through learning. These are skills that stay with you forever. As long as you have them, you can always create your own new statue, just like a sculptor.

당신이 값비싼 조각상 하나를 가지고 있다고 해 봅시다. 아무리 크고 진귀하더라도, 그 조각상은 하루아침에 도난당할 수 있습니다. 하지만 당신이 조각하는 법을 알고 있다면, 언제든지 다른 조각상을 다시 만들면 됩니다. 배움의 이점도 이와 비슷합니다. 당신이 무언가를 배우는 과정에서 얻은 지식과 경험은 그 누구도 빼앗아 갈 수 없습니다. 이것들은 당신과 평생 함께하는 역량입니다. 지식과 경험을 가지고 있는 한, 당신은 마치 조각가처럼 언제든지 당신만의 새로운 조각상을 만들 수 있습니다.

take ~ away from ...	~을 …에게서 빼앗다	**sculpt**	조각하다
no matter	아무리 ~일지라도	**as long as**	~하는 한

What is one thing you would like to learn next?
How will it help you?

이다음에 배우고 싶은 한 가지는 무엇인가요?
그것이 당신에게 어떤 도움이 될까요?

Luck is when preparation meets opportunity.

행운은 준비와 기회가 만나는 순간에 찾아온다.

Seneca | 세네카

There was a photographer who always dreamed of capturing a rare bird. One day, the bird he had wished to capture appeared right in front of him. The photographer grabbed his camera that he always carried with him, and quickly took a picture. Some said he was just lucky. But if the photographer had not had his camera ready, he would have missed this chance. If you want good luck to find you, be prepared. Preparation works its magic by turning opportunities into luck.

희귀한 새를 찍는 것이 평생의 꿈인 사진가가 있었습니다. 어느 날, 그토록 사진으로 찍고 싶어 하던 새가 그의 눈앞에 나타났습니다. 그는 항상 지니고 다니던 카메라로 재빨리 새의 모습을 담았습니다. 몇몇 사람들은 그가 그저 운이 좋았다고 말했습니다. 하지만 그 순간 카메라가 준비되어 있지 않았다면, 사진가는 이 기회를 날려 버렸을 겁니다. 행운이 찾아오길 바란다면, 준비하세요. 준비는 기회를 행운으로 바꾸는 마법을 발휘합니다.

preparation	준비	**capture**	포착하다, 잡다
opportunity	기회	**rare**	희귀한, 드문

Can you think of a time when being prepared helped you?
What happened?
미리 준비를 하고 있던 것이 당신에게 도움이 되었던 적이 있나요?
구체적으로 어떤 일이 있었나요?

A smooth sea never made a skilled sailor.

잔잔한 바다는 결코 숙련된 선원을 만들어 내지 못한다.

Franklin D. Roosevelt | 프랭클린 D. 루스벨트

There is something called *the five-year rule*. It suggests that you need at least five years to become skilled in any field. For example, if you were about to have surgery, you would want to go to a seasoned doctor who has been performing difficult surgery for more than five years. Such a doctor is more likely to be good at their job. So, whether you are learning English or starting a new job, don't give up during those first five years, no matter the challenges. At the end of that time span, you will find yourself skilled like an expert.

'5년의 법칙'이라는 것이 있습니다. 어떤 분야에 능숙해지기 위해서는 최소 5년이 필요하다는 뜻입니다. 예를 들어, 당신이 수술을 받아야 한다면, 5년 이상 고난도의 수술을 집도해 온 경험이 있는 의사를 찾아가고 싶겠죠. 그러한 의사는 수술을 잘 해낼 가능성이 높을 것입니다. 그러니 영어 공부든, 새로운 일이든, 어떤 어려움이 있어도 첫 5년 동안은 포기하지 마세요. 그 시간 끝에, 전문가처럼 능숙해진 당신이 있을 거예요.

skilled	숙련된	**be about to ~**	~하려던 참이다
called	~이라고 불리는	**be more likely to ~**	~할 가능성이 높다

What is a problem you are facing now?
How can you use it to become stronger?

당신이 지금 마주하고 있는 어려움은 무엇인가요?
어떻게 하면 그 어려움을 통해 더 단단해질 수 있을까요?

A diamond is a chunk of coal that did well under pressure.

다이아몬드란 압력을 잘 견뎌 낸 석탄 덩어리이다.

Henry Kissinger | 헨리 키신저

Just as coal transforms into diamond after withstanding much pressure, people grow stronger through challenges. Now, how do you withstand a challenge? First, believe that you can. Second, look for the positive side of the situation. Third, think of a lesson in it. These three steps will create a chemical reaction with the difficult situation, eventually making you shine.

석탄이 큰 압력을 견딘 후 다이아몬드로 변하듯, 사람들도 어려움을 겪은 후 더 강해집니다. 자, 그럼 어떻게 하면 어려움을 잘 견딜 수 있을까요? 첫째, 할 수 있다고 믿기. 둘째, 상황의 긍정적인 면을 찾아내기. 셋째, 그 안에서 교훈을 생각해 내기. 이 세 가지 방법은 어려운 상황과 화학작용을 일으켜, 당신을 빛나게 해 줄 것입니다.

chunk	덩어리	withstand	견뎌 내다
pressure	압력	look for ~	~을 찾다

Why do you think handling pressure is important in life?
어려움을 견디는 것이 삶에서 중요한 이유는 무엇일까요?

01

당신의 잘못이
아닙니다

새로운 삶을 위한 첫걸음

며칠 후, 수진은 현정이 알려 준 대로 민호의 강연장을 찾았다. 사람들로 가득한 강연장에 들어서자 수진은 왜인지 살짝 움츠러들었다.

'여기 온다고 도움이 될까?'

민호의 강의가 궁금하긴 했지만, 마음 한구석에는 여전히 의구심이 남아 있었다. 수진은 조심스레 사람들 사이를 헤치고 들어가 관중석에 앉았다.

곧이어 민호가 강단에 올랐다. 그는 수진이 생각했던 것보다 더 부드럽고 유쾌한 인상이었다. 살짝 현정을 닮은 것 같기도 했다. 민호가 청중을 향해 따뜻한 미소를 지어 보이자, 다소 경직돼 있던 분위기가 조금 느슨하게 풀어졌다.

"여러분, 반갑습니다!"

민호가 힘찬 목소리로 인사했다.

"영어 공부가 평생의 '숙제'처럼 느껴지는 분들을 위해, 영어 공부가 '축제'가 될 수 있도록 오늘 이 자리를 마련했습니다."

민호의 첫마디가 수진의 호기심을 자극했다.

'영어 공부가 숙제가 아니라 축제가 된다고?'

곧 민호의 강연이 이어졌다. 그는 영문법이나 단어 암기를 강조하는 대신, 영어 공부를 일상 속의 습관처럼 만들어야 한다고 강조했다. 그리고 경남 창원에서 태어난 자신이 어떻게 캐나다와 호주, 미국 등지를 거치며 영어를 익히고 즐기게 되었는지 유쾌하면서도 담백하게 이야기했다. 수진은 어느새 민호의 이야기에 빠져들고 있었다.

강연이 끝난 후에도 수진은 자리를 뜰 수 없었다. 무언가 신선한 충격을 받은 느낌이었다. 무대에서 내려온 민호는 아직 강연장에 남은 사람들과 대화를 나누고 있었다. 오늘 강연에 대해 이것저것 소감과 질문을 주고받는 듯했다.

수진도 민호에게 다가가 질문도 하고 조언도 구하고 싶었지만, 부끄러운 마음에 선뜻 나서지 못하고 있었다. 그런데 마침, 대화를 마친 후 주위를 둘러보던 민호와 눈이 마주쳤다.

"안녕하세요, 오늘 강연 어떠셨어요? 괜찮으셨나요?"

민호가 수진을 향해 다가오며 상냥하게 말을 걸었다.

"안녕하세요, 선생님. 오늘 강연 정말 좋았어요, 감사해요. 그런데…… 저기 혹시 현정이라고, 제 친구인데……."

"아, 혹시 수진 씨세요……? 안 그래도 현정이에게 연락 받았어요. 반갑습니다!"

"네, 맞아요. 안녕하세요."

수진은 머뭇거리며 이야기를 꺼냈다.

"현정이에게 이미 들으셨겠지만, 제가 요즘 영어 때문에 고민이 많아서요. 사실 요즘만의 문제는 아니고, 예전부터 영어가 항상 고민이었어요."

"아…… 고민이 많으셨군요."

"네. 어렸을 때부터 나름 열심히 공부한다고 했는데……, 뭘 잘못했는지 지금도 영어가 너무 어려워요. 특히 영어로 뭔가를 말하거나 쓰려면 머리가 하얘져요. 그런데 이제 막 유치원에 입학한 딸이 영어를 배우기 시작하면서 제가 도와줘야 할 일이 많아졌거든요. 어쩌다 보니 영어 공부를 다시 시작해야 하는데…… 매번 중간에 포기했다 보니 이제는 어디서부터, 뭘 어떻게 시작해야 할지도 모르겠어요."

민호는 이해한다는 듯 고개를 끄덕였다.

"수진 씨, 그건 수진 씨 잘못이 아니에요. 다른 나라 언어를 배우는 건데, 영어가 어렵게 느껴지는 건 당연해요. 특히, 우리가 학교에 다닐 때는 영어가 온통 시험 위주였잖아요. 지금부터 다르게 접근해 보면, 수진 씨도 충분히 달라질 수 있어요. 자녀분에게도 도움이 될 거고요."

수진은 깊은 한숨을 내쉬었다.

"계속 실패하니까 이제는 뭘 해도 돈과 시간만 쓰고, 결국 잘 안될 것 같다는 생각이 들어요."

민호는 미소 지으며 말했다.

"오늘 강연에서도 말씀드렸지만, 영어를 학습의 대상으로 느끼면 스트레스를 받을 수밖에 없어요. 그러지 말고, 영어를 우리 삶의 일부로 받아들이는 연습을 하는 거예요. 밥을 먹고 나서 양치질을 하는 습관처럼 영어가 우리 일상에 스며들게 하는 거죠. 가수 김종국 씨 아시죠?"

수진은 고개를 끄덕였다.

"당연히 알죠."

"김종국 씨가 운동을 시작하려는 친구에게 이런 말을 했대요. 오늘부터 단순히 '운동을 한다' 생각하지 말고, '새로운 삶을 산다' 생각해야 한다고요. 삶에 그저 운동이 하나 추가되는 게 아니라, 삶 자체가 변화하는 거라고요. 저는 그 말이 참 좋았어요. 우리가 새 친구를 사귀고, 낯선 곳으로 여행을 떠나면서 생각지도 못했던 변화를 겪기도 하잖아요. 새로운 세상을 만나 삶 자체가 변하는 거죠. 영어 공부를 새롭게 시작하는 것도 마찬가지예요."

민호는 가방에서 책 한 권을 꺼내 수진에게 건넸다. 초록색 표지의 아담하고 예쁜 책이었다.

"이건 제가 학생들을 위해 만든 영어 필사책이에요."

수진이 책을 받아들자 민호가 설명을 이어 갔다.

"그동안 많은 분들의 영어 공부를 도와드리면서 느낀 점은, 결국 영어가 습관이 돼야 한다는 거였어요. 그래서 사람들에게 영감을 주는 영어 명언들을 30일 동안 손으로 직접 따라 써 보도록 이 책을 만들었어요. 간단해 보이지만, 매일 영어를 쓰는 일이 습관으로 자리 잡도록 말이에요. 덤으로 조금씩 영어에 자신감을 얻고, 의미 있는 명언을 우리 삶에 적용시켜 보기도 하고요."

"어머, 정말 예쁜 책이네요!"

이리저리 책을 살피며 수진이 말했다. 민호는 허심탄회하게 이야기를 계속했다.

"사실 저도 처음에는 영어가 어렵고, 자신감도 없었어요. 그런데 대학교 때 캐나다인 친구를 만나게 되면서 제 인생이 변했어요. 그 친구와 친해지고 싶은데 제대로 대화를 할 수가 없는 거예요. 그래서 그 친구와 소통하기 위해 영어 공부를 시작했어요. 처음에는 단순하게 '50문장만 외워 보자' 하는 식이었죠. 대신, 문장들을 꼭 써 보고 입에 붙을 때까지 달달 연습했어요. 그랬더니 점점 제가 쓸 수 있는 말이 생기는 거예요. 그 과정이 너무 재밌어서, '영어를 너무 어렵게 생각할 필요 없었네!'라는 걸 깨달았어요."

이야기를 경청하던 수진은 영어 선생님인 민호가 자신과 비슷했다는 사실에 놀랐다. 민호가 웃으며 말을 이었다.

"그러니까 수진 씨도 간단한 것, 작은 것부터 즐겁게 시작해 보세요. 매일 조금씩 영어 습관을 만들어 가는 거예요. 저와 함께한 많은 분들이 이 방법으로 큰 변화를 경험했어요. 수진 씨도 충분히 해낼 거예요."

그 말에 수진의 마음속에도 조그마한 희망이 피어났다.

"이제부터 올바른 영어 습관을 형성하는 방법들을 알려 드릴게요. 저와 함께 차근차근 한 걸음씩 걸어가 봐요."

수진은 손에 든 책의 첫 장을 펼쳐 보았다. 그곳에는 아리스토텔레스의 명언이 실려 있었다.

The roots of education are bitter, but the fruit is sweet.
배움의 뿌리는 쓰지만, 그 열매는 달다.

비단 딸 지원이만을 위해서가 아니라, 스스로를 위해서도 영어 공부에 다시 도전해 보고 싶은 마음이 들었다. 비록 배움의 과정이 쓰더라도, 이번에는 꼭 그 끝에서 달콤한 결실을 맛보고 싶었다. 오랜만에 수진에게도 새로운 다짐이 생겼다.

Life

+ 인생 +

천 리 길도 한 걸음부터 시작된다.

나는 지금까지 내가 마주한 것들의 일부분이다.

가격은 당신이 지불하는 것이고, 가치는 당신이 얻는 것이다.

눈은 별을 향하게 하고, 발은 땅에 붙여라.

모두가 같은 음을 낼 때 화음은 생기지 않는다.

The journey of a thousand miles begins with a single step.

천 리 길도 한 걸음부터 시작된다.

Lao Tzu | 노자

Nobody is good at anything from the beginning. There was a time when Steve Jobs could not even turn on a computer, and J. K. Rowling had to learn the alphabets first. You might feel afraid to take a new step at something because you are worried about failing. But remember that *failing* is just another word for *learning*. So, don't worry about failing, and let's just take the first step.

처음부터 잘하는 사람은 없습니다. 스티브 잡스도 컴퓨터를 켤 줄 몰랐던 때가 있었고, J. K. 롤링도 알파벳부터 배워야 했던 때가 있었습니다. 실패에 대한 걱정 때문에 무언가를 새롭게 시작하는 것이 두렵게 느껴질 수도 있어요. 하지만 '실패'는 그저 '배움'의 또 다른 표현이라는 것을 기억하세요. 그러니 실패를 두려워하지 말고, 일단 첫걸음을 떼 봅시다.

journey	여정, 여행	**from the beginning**	처음부터
begin with ~	~으로 시작하다	**a time when ~**	~하는 때

I'm part of all that I met.

나는 지금까지 내가 마주한 것들의 일부분이다.

Alfred Tennyson | 알프레드 테니슨

When children first learn to talk, they tend to mimic how their parents speak. As they get to spend more time with friends at school, the expressions they pick up from peers become their own. Similarly, what you see, hear, and feel shapes who you are. Are you curious about what kind of person you will be tomorrow? Then examine who you are meeting and what you are doing today.

아이들은 처음 말을 배울 때, 부모의 말투를 따라 하는 경향이 있습니다. 그러다 점차 학교에서 친구들과 더 많은 시간을 보내게 되면서, 또래에게 배운 표현을 자신의 것으로 흡수하게 됩니다. 마찬가지로, 당신이 보고, 듣고, 느끼는 것들이 당신을 형성합니다. 내일의 당신이 어떤 사람일지 궁금한가요? 그렇다면 오늘 당신이 누구를 만나고 무엇을 하고 있는지 살펴보세요.

all that I met	내가 만난 모든 것	**shape**	형성하다
tend to ~	~하는 경향이 있다	**be curious about ~**	~을 궁금해하다

Can you think of a place or experience that has shaped
who you are today?

지금의 당신을 만든 장소나 경험이 있나요?

Price is what you pay, value is what you get.

가격은 당신이 지불하는 것이고, 가치는 당신이 얻는 것이다.

Warren Buffett | 워런 버핏

Let's say two people pay the same entrance fee to get into a national park. One person just looks at the ground while walking, whereas the other person creates precious memories with their family. The latter gains much more than what they paid to enter the park. The same goes for this book. I hope you can gain more value from this book than the price you paid.

두 사람이 똑같은 입장료를 내고 국립공원에 들어간다고 해 봅시다. 한 사람은 땅만 보며 걷다 나오고, 다른 사람은 가족과 소중한 추억까지 쌓습니다. 후자는 공원에 들어가기 위해 지불한 가격보다 훨씬 많은 것을 얻어 가지요. 똑같은 이야기가 이 책에도 적용됩니다. 당신이 이 책에 지불한 가격보다 더 많은 가치를 얻어 갔으면 합니다.

entrance fee	입장료	the same goes for ~	~도 마찬가지이다
precious	소중한, 귀중한	I hope you can ~	나는 네가 ~할 수 있기를 바란다

Can you think of something you have bought or done that was
worth more to you than its price?

당신이 구입했던 물건이나 당신이 했던 행동 중에, 지불했던 가격보다 더 가치 있던 것은
무엇인가요?

Keep your eyes on the stars, and your feet on the ground.

눈은 별을 향하게 하고, 발은 땅에 붙여라.

Theodore Roosevelt | 시어도어 루스벨트

Dream big, but at the same time, don't forget the reality. We can learn a lesson from the story of Icarus in the Greek mythology, who flew too close to the sun and fell. The story teaches us that we must know our limits and balance ambition with reality. Aim high with passion, but also stay grounded in the present, taking one step at a time. That way, we can achieve great things without falling.

꿈은 크게 꾸되, 현실을 잊지는 마세요. 우리는 태양에 너무 가까이 날다 추락해 버린, 그리스 신화 속 이카로스의 이야기로부터 교훈을 얻을 수 있습니다. 그 이야기는 우리가 자신의 한계를 알고 야망과 현실 사이의 균형을 맞춰야 한다는 것을 가르쳐 줍니다. 열정을 가지고 목표를 높이 세우되, 주어진 현재에 충실하면서 한 걸음씩 나아가세요. 그렇게 하면, 우리는 추락하지 않고 위대한 성과를 이룰 수 있습니다.

forget	잊다	**ambition**	야망
close to ~	~에 가까이	**stay grounded**	현실 감각을 유지하다

How can you balance dreaming big with staying grounded in reality?

어떻게 하면 큰 꿈을 꾸는 것과 현실에 발을 딛고 있는 것 사이에서 균형을 찾을 수 있을까요?

You don't get harmony when everyone sings the same note.

모두가 같은 음을 낼 때 화음은 생기지 않는다.

Steve Goodier | 스티브 구디어

A car is made up of about 30,000 parts, each playing a different role in completing the vehicle. There is no need to feel discouraged about being different from others. Your uniqueness could be that final piece of a puzzle, which completes something amazing. Being different is a blessing.

자동차는 약 30,000개의 부품으로 이루어져 있으며, 각기 다른 역할을 하는 부품들이 모여 차를 완성합니다. 남들과 다르다고 위축될 필요 없습니다. 당신만의 특별함이 무언가 멋진 일을 완성하는 마지막 퍼즐 조각이 될 수 있습니다. 다르다는 것은 축복입니다.

harmony	화음	**play a role in ~**	~에서 역할을 하다
be made up of ~	~으로 이루어져 있다	**uniqueness**	특별함, 고유성

Can you think of a time when you achieved something great by
working with others?

다양한 사람들과 함께 일하며 무언가 멋진 일을 해냈던 때를 떠올려 볼 수 있나요?

02

'작게' 시작해야 하는 이유

부담 없이, 차근차근

"그런데 선생님, 이 필사책을 어떻게 사용해야 할지 잘 모르겠어요."

수진이 한숨을 쉬며 말을 이었다.

"특히, 매일 꾸준히 필사를 해야 하는 것 같은데…… 제 생활이 규칙적이지 않아서 잘할 수 있으려나 모르겠네요. 온종일 제 딸 지원이를 돌보고 집안일을 하다 보면 하루가 어떻게 가는지도 모를 때가 많거든요. 영어 학원이나 온라인 강의도 등록해 봤지만 결국 오래가지 못했어요. 실은 제가 좀 의지박약이라……."

민호가 무슨 말인지 알겠다는 표정으로 고개를 끄덕였다.

"수진 씨, 걱정 마세요. 저도 예전에 영어를 공부하면서 비슷한 시행착오들을 겪었어요. 그리고 수진 씨가 지금 영어 공부에 전념하거나 많은 시간을 할 애할 수 있는 상황이 아니라는 점도 충분히 이해해요."

따뜻한 공감과 격려에 수진의 긴장된 표정이 풀어지자 민호는 빙그레 웃 으며 말을 이었다.

"자, 그래서 제 경험을 바탕으로 몇 가지 팁을 드릴게요. 첫 번째 팁은 아주 간단해요. '작게 시작하기.' 영어 습관이 잘 뿌리내리려면 처음에는 작고 쉬운 것부터 시작하는 게 중요해요. 처음에는 사소해 보이지만, 그 작은 것들이 쌓 이고 쌓여서 결국 큰 변화를 만들어 내거든요."

"작게 시작한다……."

수진은 조그맣게 혼잣말을 하며 민호의 말을 마음에 새겼다.

"맞아요. 이 필사책은 그런 작은 시작을 돕는 책이에요. 명언을 읽고 따라 쓰는 데 걸리는 시간이 하루 10분, 아무리 길어도 20분을 넘지 않도록 되어 있죠. 너무 부담스럽게 느껴지면 안 되니까요."

그 말에 수진은 책을 다시 한번 펼쳐 처음부터 끝까지 쭈욱 훑어보았다.

"하루 10분 정도면 된다고요?"

"네, 맞아요. 그런데 만약 정말 시간이 없거나 10분도 너무 부담스럽게 느 껴진다면, 단 1분만 투자할 수도 있어요. 첫 시작은 그것만으로도 충분해요."

수진은 조금 안심한 듯하면서도 더욱 놀란 표정으로 민호를 쳐다봤다.

"1분이요? 그걸로 충분하다고요?"

그러자 민호가 필사책을 직접 펼쳐 보이며 구체적인 활용법을 차근차근 설 명하기 시작했다.

"우선, 이 책은 총 30개의 명언으로 구성되어 있어요. 하루에 명언 한 개씩, 30일 동안 공부할 수 있도록요. 명언을 말한 인물들은 오프라 윈프리부터 부 처에 이르기까지 아주 다양해요. 그리고 각 명언과 관련된 짧은 영어 수필 한 문단이 함께 들어 있어서, 한 단계 더 깊이 있게 명언의 의미를 감상해 볼 수 있죠. 마지막으로, 그 옆쪽에는 명언과 수필 내용을 직접 필사해 볼 수 있는 공간이 마련되어 있어요. 필사를 모두 마친 뒤에는 생각을 정리하고 명상을 할 수 있도록 돕는 질문도 있답니다.”

수진은 민호와 함께 책을 넘겨 보며, 가슴이 살짝 두근거리는 것을 느꼈다. 민호는 수진의 표정을 살피더니 밝게 덧붙였다.

“이 안에 담긴 30개의 명언들은 영어 습관을 형성하기 위한 것만이 아니에요. 때로는 힘과 위안이 되고, 때로는 우리를 일깨워 주죠. 명언들의 의미를 되새기면서 이 책이 삶에 대한 태도와 마음가짐을 변화시키는 계기가 되기를 바랐어요. 아까 스스로 ‘의지박약’이라고 하셨죠? 제가 학생들에게 자주 해 주는 말인데, 의지박약은 없어요. ‘의미 빈약’이 있을 뿐이죠. 우리가 어떤 것에서 의미를 발견하면, 그것을 대하는 자세와 태도가 모두 바뀌게 되어 있어요.”

민호의 말에 수진은 무언가 깨달은 듯했다.

“어쩌면 저에게 부족했던 것은 ‘의지’가 아니라 ‘의미’였는지도 모르겠네요. 하하.”

민호도 마주 웃음을 지었다.

“그래요. 이 책은 ‘의미’를 되새기는 공부 속에서 ‘의지’도 충만해지도록 명언들의 의미를 잘 풀어놓았으니, 하루하루 잘 따라오시기만 하면 돼요.”

민호의 정성스러운 설명에서 진심이 느껴졌다. 수진은 왠지 모르게 이 책과 함께라면 자신도 변화할 수 있을 것만 같았다. 하지만 여전히 궁금증이 남았다.

“선생님, 그런데 아까 말씀하신 것처럼 1분만 투자하기에는 양이 꽤 많은 것 같은데요?”

“그래 보이나요? 맞아요. 아까 말씀드렸듯이, 명언과 수필 내용을 모두 읽고 따라 쓰는 데 걸리는 시간은 보통 10분 정도 돼요. 그런데 이마저도 힘들거나 부담스럽다면, '1단계'로 그날의 영어 명언만 먼저 필사해 보는 거예요. 명언들은 꽤 짧기 때문에 1분이면 충분해요."

"아, 일단은 그렇게 시작해도 되는 거군요?"

"네, 작게라도 일단 시작하는 게 중요하니까요. 만약 하루에 10분 정도의 시간을 낼 수 있다면, '2단계'를 시도해 볼 수 있어요. 이때는 영어 명언뿐만 아니라, 함께 제공되는 짧은 수필 한 문단까지 따라 쓰는 거예요."

"알겠어요. 10분 정도 여유가 있으면 영어 수필까지 필사한다……."

"그렇죠. 그리고 만약 하루에 20분 정도 여유가 된다면, '3단계'까지 도전해 볼 수 있어요. 영어 명언과 수필을 필사한 후에, 그 의미에 대해 잠시 명상해 보는 거예요. 그리고 거기서 얻은 가치나 깨달음이 수진 씨의 삶에 어떤 변화를 줄 수 있을지, 수진 씨의 다짐이나 계획 같은 것들을 마음속으로 떠올려 보거나 글로 써 보세요. 그리고 참, 명언과 수필의 내용을 원어민의 발음으로 녹음한 영어 음원도 있으니까, 여기서 더 나아가 듣기와 따라 말하기 연습도 할 수 있어요."

민호의 설명을 듣자 이 책의 활용법이 점차 뚜렷해졌다. 그리고 이와 동시에, 강연을 처음 찾았을 때의 막막함이 서서히 걷히는 느낌이었다.

"그러니까, 처음에는 부담 없이 시작하고, 익숙해지면 더 깊이 들어가면 된다는 거군요?"

수진이 처음보다 한결 자신감에 찬 얼굴로 물었다. 민호는 뿌듯한 표정으로 고개를 끄덕였다.

"맞아요. 만약 여전히 어디서부터 시작해야 할지 모르겠다면, 처음 30일은 '1단계'만 진행해 보세요. 그러고 나서 다시 '2단계', 또 '3단계'로 돌아와서 시작해도 돼요."

수진은 잠시 생각에 잠겼다가 결심한 듯 말했다.

"하루에 10분 정도는 낼 수 있을 것 같아요. 일단 '2단계'까지 하는 걸로 시작해 볼게요."

"좋아요, 수진 씨. 그게 출발점이 될 거예요. 중요한 건, 작게 시작하더라도 꾸준히 하는 거예요. 이 책에도 실린 노자의 말이 있는데, 아마 들어 보셨을 거예요. *The journey of a thousand miles begins with a single step.* 천 리 길도 한 걸음부터 시작된다는 뜻이죠."

"지금 제게 딱 맞는 명언이네요."

수진이 눈을 반짝이자, 민호가 힘주어 독려했다.

"이렇게 필사가 작은 습관이 되면, 자연스럽게 영어가 친근해지면서 그 이상의 것들도 얻게 될 거예요. 저는 수진 씨가 긍정적인 에너지를 얻고, 스스로에 대한 믿음도 키워 갈 수 있을 거라 믿어요."

민호의 말에서 진심이 느껴졌다. 현정을 비롯한 많은 사람들이 왜 그에게 많은 도움을 받았다고 하는지 알 것 같았다. 다시 한번, 수진은 민호의 말을 되뇌며 고개를 끄덕였다.

"작게 시작하라."

그 조언이 깊이 와닿았다. 부담 없이 실천 가능한 수준에서 차근차근 시작해도 된다는 생각에 마음도 한결 가벼워졌다. 민호의 따뜻한 격려와 현실적인 조언 덕분에 이제는 무엇을 어떻게 시작해야 할지 감이 잡혔다. 수진은 새롭게 천 리 길을 향한 첫걸음을 내디뎌 보기로 결심했다.

Motivation

✦ 동기 부여 ✦

얼굴이 항상 햇빛을 향하게 하라. 그러면 그림자는 당신의 뒤로 떨어질 것이다.

성공하기 위해서는, 먼저 우리가 할 수 있다고 믿어야 한다.

세상을 바꾸고 싶다면, 침대부터 정리하라.

달을 향해 쏴라. 비록 빗나가더라도, 별들 사이에 닿을 것이기 때문이다.

꿈을 꼭 붙잡아라. 꿈이 사라지면, 인생은 날개가 부러져 날지 못하는 새와 같기 때문이다.

Keep your face always toward the sunshine—and shadows will fall behind you.

얼굴이 항상 햇빛을 향하게 하라. 그러면 그림자는 당신의 뒤로 떨어질 것이다.

Walt Whitman | 월트 휘트먼

A mother spoke to her worried child: "There are two wolves inside our hearts. One is the wolf of light, and the other is the wolf of darkness." "Which wolf is stronger?" the child asked. "The one you feed," the mother replied with a smile. Which wolf are you feeding right now? The wolf of light? Or the wolf of darkness?

근심이 가득한 아이에게 엄마가 말했습니다: "우리 마음속에는 두 마리 늑대가 있어. 한 마리는 빛의 늑대이고, 다른 한 마리는 어둠의 늑대야." "어떤 늑대가 더 힘이 세요?" 아이가 물었습니다. "네가 먹이를 주는 늑대." 엄마는 웃으며 답했습니다. 지금 당신은 어떤 늑대에게 먹이를 주고 있나요? 빛의 늑대인가요? 어둠의 늑대인가요?

toward	~을 향하여	**feed**	먹이를 주다
worried	걱정하는	**with a smile**	웃으며

What is one small way you can bring "sunshine" into your day
tomorrow?
당신의 내일에 "햇빛"을 가져다줄 수 있는 작은 방법에는 무엇이 있을까요?

In order to succeed, we must first believe that we can.

성공하기 위해서는, 먼저 우리가 할 수 있다고 믿어야 한다.

Nikos Kazantzakis | 니코스 카잔차키스

In the movie *Kung Fu Panda*, Master Shifu is desperate to stop the powerful villain named Tai Lung. Shifu asks his wise teacher, Master Oogway, for a *way* to defeat Tai Lung. Then, Master Oogway explains that what is more important than finding a way is having a *belief*. This is because someone who believes they cannot make it will not act, even if there is a way. When you set the life's destination with belief, the navigation of life will find a way to bring you there.

영화 「쿵푸 팬더」에서 시푸 사부는 타이렁이라는 강력한 악당을 간절히 막고자 합니다. 시푸는 지혜로운 스승 우그웨이에게 타이렁을 물리칠 '방법'을 묻습니다. 그러자 우그웨이는 방법을 찾는 것보다 더 중요한 것은 '믿음'을 갖는 것이라고 설명합니다. 자신이 해낼 수 없다고 믿는 사람은 방법이 주어져도 행동하지 않기 때문입니다. 당신이 믿음을 가지고 인생의 목적지를 설정한다면, 삶의 내비게이션이 당신을 그 목적지로 데려다줄 방법을 찾을 것입니다.

be desperate to ~	~하는 것이 간절하다	**even if ~**	비록 ~일지라도
defeat	물리치다	**set**	정하다

What is one positive thought you can focus on to help you believe in yourself?

스스로를 믿는 데 도움을 주는 긍정적인 생각이 있나요?

If you want to change the world, start off by making your bed.

세상을 바꾸고 싶다면, 침대부터 정리하라.

William Mcraven | 윌리엄 맥레이븐

William McRaven, a former U.S. Navy admiral, said the following in his famous speech: "If you make your bed every morning, you will have accomplished the first task of the day. It will give you a small sense of pride and it will encourage you to do another task and another and another. (···) Making your bed will also reinforce the fact that the little things in life matter. If you can't do the little things right, you will never be able to do the big things right."

미국의 해군 제독이었던 윌리엄 맥레이븐은 그의 유명한 연설에서 다음과 같이 말합니다: "매일 아침에 침대를 정리하면, 하루의 첫 번째 임무를 완수한 것이 됩니다. 이는 당신에게 작은 자부심을 주고, 계속해서 또 다른 임무를 수행하게끔 동기를 부여할 것입니다. (···) 또한 침대 정리는 인생에서 작은 것들이 중요하다는 사실을 다시 한번 일깨워 줄 것입니다. 작은 일조차 제대로 해내지 못하면, 결코 큰 일을 제대로 할 수 없습니다."

start off by ~	~하는 것으로 시작하다	**encourage ~ to ...**	~가 ...하도록 격려하다
accomplish	완수하다	**reinforce**	강화하다

What is one small thing you can do today to feel more accomplished?
더 큰 성취감을 느끼기 위해 오늘 당신이 할 수 있는 작은 일 한 가지는 무엇인가요?

Shoot for the moon, because even if you miss, you'll land among the stars.

달을 향해 쏴라. 비록 빗나가더라도, 별들 사이에 닿을 것이기 때문이다.

Norman Vincent Peale | 노먼 빈센트 필

In the novel *The Alchemist*, there is a boy named Santiago. He embarks on a journey to find the treasure he saw in a dream. Along the way, he meets many people and goes through numerous experiences, which lead to his growth. Although Santiago does not get to find the treasure in the end, he realizes that the journey itself, which led him to search for the treasure, is more valuable than the treasure. That journey was *life* itself.

소설 『연금술사』에는 산티아고라는 이름의 소년이 나옵니다. 소년은 꿈에서 본 보물을 찾아 여행을 떠납니다. 그리고 그 과정에서, 많은 사람들을 만나고 다양한 경험을 하면서 성장하게 됩니다. 비록 소년은 결국 보물을 찾지 못하지만, 보물을 찾아가는 여정 자체가 보물보다 더 소중하다는 것을 깨닫게 됩니다. 그 여정은 바로 '삶' 그 자체였습니다.

named	~이라는 이름의	**along the way**	그 과정에서
embark on a journey	여행을 떠나다	**numerous**	많은

Can you think of a time when trying your best led to something good, even if it was not what you expected?

최선을 다했더니, 비록 기대와는 달랐지만 좋은 결과로 이어졌던 적이 있나요?

Hold fast to dreams, for if dreams die, life is a broken-winged bird that cannot fly.

꿈을 꼭 붙잡아라. 꿈이 사라지면, 인생은 날개가 부러져 날지 못하는 새와 같기 때문이다.

Langston Hughes | 랭스턴 휴즈

Dreams are like the paint for coloring the picture of life. Not all of your childhood dreams might have come true. Nevertheless, the places you went, the people you met, and the things you learned while following your dream painted who you are today. Without your dreams, you cannot paint the picture of your life. What kind of life do you dream of? Now, take out the dreams you have kept deep inside, and start painting the tomorrow you hope for.

꿈은 인생이라는 그림을 그리는 물감과 같습니다. 어렸을 적 꿈이 모두 이루어지지는 않았을 수도 있습니다. 그럼에도 불구하고, 그 꿈을 이루기 위해 당신이 갔던 장소, 당신이 만났던 사람, 당신이 배웠던 것들이 오늘의 당신을 그려 냈습니다. 꿈이 없이는, 인생이라는 그림을 그릴 수 없습니다. 당신은 어떤 인생을 꿈꾸나요? 이제, 마음속 깊숙이 보관하고 있던 꿈을 꺼내, 당신이 바라는 내일을 그려 보세요.

hold fast to ~	~을 꼭 붙잡다	**who you are**	당신이 누구인지
broken-winged	날개가 부러진	**take out**	꺼내다

What is one thing you can do today to move closer to one of your
dreams?

당신의 꿈 중 하나에 더 가까워지기 위해 오늘 할 수 있는 일 한 가지는 무엇인가요?

03

자신만의 '앵커'를
만드세요

더 적은 힘으로 더 큰 효과를 내는 방법

수진은 마음이 한결 편해지면서 얼른 명언을 필사해 보고 싶다는 생각이 들었다. 하지만 스스로에 대한 불안감은 여전히 남아 있었다. 이제 이 책을 어떻게 활용해야 하는지는 어느 정도 이해했지만, 그것을 실제로 잘 실천할 수 있을지는 별개의 문제였으니까. 수진은 주저하며 말을 꺼냈다.

"선생님, 설명해 주신 덕분에 조금은 길을 찾은 느낌이에요. 그런데 아직도 제가 잘 해낼 수 있을지는 모르겠어요. 하루에 10분 정도는 어떻게든 낼 수 있을 것 같은데…… 이걸 꾸준히 오래 이어 가야 하잖아요, 그렇죠? 사실, 매일 규칙적으로 온전히 저만을 위한 시간을 내기가 쉽지는 않거든요. 핑계나 변명처럼 들리겠지만, 평소에 정해진 일상을 소화하는 것만으로도 빠듯할 때가 많아요."

빠르게 고민을 이야기하는 수진에게 민호가 자상한 미소를 지어 보였다. 수진의 어려움에 충분히 공감한다는 표정이었다.

"걱정될 수 있어요, 수진 씨. 바쁜 일상을 살아가다 보면 누구나 그런 현실적인 문제에 직면하게 되죠. 안 그래도 지금 육아와 가사를 병행하고 계시잖아요. 저도 아이들이 있어서 수진 씨가 얼마나 정신없으실지 충분히 이해돼요."

"어머, 선생님이 그렇게 말씀해 주시니 조금 든든하네요. 지난주만 해도 지원이가 아파서 계속 옆에서 보살피고 병원에 데려가야 했는데, 남편이 출장까지 가서 더 정신이 없었거든요. 저는 끈기가 부족한지, 이렇게 계획이나 리듬이 한번 깨지면 그대로 쭉 손을 놓게 돼요. 이런 상황에서 제가 과연 영어 필사를 매일 꾸준히 할 수 있을까요?"

민호가 빙그레 웃으면서 수진을 안심시켰다.

"그러니 더더욱 적은 힘을 들이면서도 지속할 수 있는 방법으로 습관을 만들어야 해요. 그래서 제가 드리는 두 번째 팁은 바로, **구체적인 시간과 장소를 정하라**는 거예요."

"구체적인 시간과 장소요?"

수진이 되물었다.

"네, 습관 설계 전문가이자 행동과학자인 스탠퍼드대학의 BJ 포그 교수는 이걸 '앵커*anchor*'라는 용어로 부르는데, '앵커'는 원래 바람이나 파도에 배가 휩쓸리지 않도록 바닷속에 내리는 '닻'을 의미해요. 즉, 어떤 상황에서도 배를 안정적으로 땅에 고정시켜 주는 역할을 하는 거죠."

낯선 용어를 듣자 수진이 고개를 갸우뚱했다. 민호는 차근차근 설명을 이어 나갔다.

"어렵게 생각할 필요 없어요. 수진 씨에게도 일상 속에 이미 안정적으로 자리 잡고 있는 행동이나 습관이 있을 거예요. 매일 양치질을 한다든지, 아니면 아이를 유치원에 데려다준다든지 하는 것들이요. 그런 기존의 행동이나 습관에 수진 씨가 새롭게 습관으로 만들고자 하는 행동을 연결시키는 거예요. 그러면 수진 씨가 그 새로운 행동을 더 잘 기억하고, 더 적은 노력으로 꾸준히 실천할 수 있게 돼요. 설령 아무리 바쁜 일이 생기더라도 말이죠."

"기존의 행동에 새 행동을 연결시킨다고요? 어떻게요?"

수진은 이어질 민호의 설명이 궁금했다.

"저의 예를 들어 볼게요. 저희 집 앞 공원에 제가 매일 지나치는 철봉이 있어요. 어느 날은 '앞으로 저 철봉을 지나칠 때마다 반드시 턱걸이를 한 개씩 하고 가자' 하고 다짐했어요. 빠르게 딱 한 개만요. 당연히 처음에는 의식적으로 떠올려야 했죠. 그런데 그게 일주일이 되고, 또 한 달이 되고 보니, 나중에는 집을 나서기만 해도 자연스레 발걸음이 철봉 쪽을 향하게 됐어요."

"와, 매일 턱걸이를 하신다고요? 대단한걸요?"

수진이 감탄하며 말했다.

"하하. 실은 그렇게 거창하지 않아요. 철봉 앞을 지나가는 일이 일종의 '앵커' 역할을 한 거죠. 이렇게 작더라도 구체적인 '앵커'를 만들어 두면, 어떤 행동을 습관으로 만드는 데 큰 도움이 돼요. 점점 그 행동이 자연스러워지고, 마치 항상 그래 왔던 것처럼 익숙해지면서 탄력이 붙을 거예요."

"아, 연결시킨다는 게 그런 의미군요?"

"네, 이미 일상에서 꾸준히 반복되고 있는 요소, 그러니까 특정 시간이나 장소, 상황에 새로운 습관을 단단히 고정시키는 거예요. 마치 배가 닻을 내리는 것처럼요. 수진 씨의 경우에도 영어 명언을 필사할 구체적인 시간이나 장소를 정해 보면 좋을 것 같아요. 그 시간이 되거나, 그 장소에 가거나, 그 상황에 놓일 때 자연스럽게 필사를 같이 하도록 만드는 거죠."

드디어 민호의 말이 이해가 갔다는 듯, 수진의 표정에 생기가 돌았다.

"이제 좀 알 것 같아요. 저는 언제, 어디서 필사를 하면 좋을지 한번 고민해볼게요."

수진은 민호의 설명을 곰곰이 되짚으며, 어떻게 하면 자신의 일상 속에 영어 필사라는 닻을 내릴 수 있을지 수 있을지 고민하기 시작했다. 우선, 평소 자신의 하루가 어떤지 쭉 떠올려 봤다. 가장 먼저 떠오른 '앵커' 후보는 오후의 커피 타임이었다. 지원이를 유치원에 보낸 후, 어질러진 집을 모두 정리하고 나면 점심을 먹고 잠시 숨 돌릴 틈이 생겼다. 그때 마시는 커피 한 잔이 수진의 소소한 낙이었는데, 이때 커피를 마시며 영어 명언을 필사하면 될 것 같았다.

그러나 문득, 그 시간대에는 은행이나 관공서에 가는 등 예상치 못한 외출을 해야 하는 경우가 생긴다는 사실이 생각났다. 그러고 나면 곧 지원이가 집에 돌아올 시간이 됐다. 아무래도 낮에는 매일 고정적인 시간을 확보하기 쉽지 않을 듯했다.

수진은 다시 고민에 빠졌다. 그러다 번득 새로운 대안이 떠올랐다.

"생각해 보니, 제가 밤에 지원이를 재우고 나면 매일 10분 정도 유튜브 영상을 봐요. 그냥 예능 콘텐츠를 볼 때가 대부분이고요. 앞으로는 그때 유튜브를 보는 대신, 영어 필사를 하면 좋을 것 같아요. 지원이를 재우고 나면 무조건 책상 앞에 앉도록 해 볼게요."

그 말을 들은 민호는 활짝 웃더니, 엄지를 치켜올리며 수진을 독려했다. 수진은 조금 쑥스러웠지만, 민호의 진심 어린 응원을 받으니 덩달아 힘이 났다.

"좋은 생각이에요, 수진 씨! 우선 그렇게 딱 10분씩만 투자해 봅시다. 중요한 건 매일 꾸준히 하는 거예요. 저는 수진 씨가 잘할 거라 믿어요. 영어 공부의 새로운 여정을 시작한 걸 축하드려요."

'여정'이라는 말이 수진을 설레게 했다. 그녀는 자신 앞에 새로운 도전과 모험의 길이 펼쳐지는 듯했다. 민호가 건넨 이 작은 필사책이 과연 자신을 어디로 인도할지 궁금했다.

"혹시라도 중간중간 도움이 필요하면 언제든지 또 편히 연락 주세요. 아니면 다음에 현정이랑 같이 놀러 오셔도 좋고요!"

수진은 민호의 응원에 고마움을 표한 뒤, 선물로 받은 필사책을 손에 꼭 쥐어 보았다. 앞으로 다가올 30일에 대한 기대와 희망이 가슴속에 차오르는 것을 느꼈다. 민호와의 대화 덕분인지, 이번에는 뭔가 이전과 다를 것 같았다. 민호와 인사를 나누고 강연장을 나서는 수진의 발걸음이 그 어느 때보다 힘차고 가벼웠다.

Love and Comfort

✦ 사랑과 위로 ✦

중요한 것은 당신이 어디에서 왔는지가 아니라, 어디로 가고 있는가이다.

벽은 우리가 무언가를 얼마나 간절히 원하는지 보여 줄 기회를 주기 위해 존재한다.

처음으로 돌아가 시작을 바꿀 수는 없지만, 지금 있는 곳에서 끝을 바꿀 수는 있다.

당신은, 이 우주의 그 누구 못지않게, 당신의 사랑과 애정을 받을 자격이 있다.

세상 모두에게 아름다운 사람을 선택하지 마라.
당신의 세상을 아름답게 만드는 사람을 선택하라.

It isn't where you come from, it's where you're going that counts.

중요한 것은 당신이 어디에서 왔는지가 아니라, 어디로 가고 있는가이다.

Ella Fitzgerald | 엘라 피츠제럴드

Do you know the song "As Long as You Love Me" by Backstreet Boys? The song enjoyed huge global popularity in the '90s. Its lyrics say, "I don't care who you are, where you're from, or what you did, as long as you love me." You can apply these words to your own life as well. Don't worry about who you are, where you are from, or what you did. Don't be tied to the past, and fully focus on the present.

백스트리트 보이스의 노래 「As long as you love me」를 아시나요? 이 곡은 90년대에 세계적인 인기를 끌었습니다. 그 곡에는 이런 가사가 나옵니다. "그대가 누구인지, 어디서 왔는지, 무엇을 했는지 상관없어요. 그대가 날 사랑하기만 한다면." 이 가사를 당신의 삶에도 적용해 볼 수 있습니다. 당신이 누구든, 어디서 왔든, 무엇을 했든, 신경 쓰지 마세요. 과거에 얽매이지 말고, 현재에 온전히 집중하세요.

count	중요하다, 세다	**where you're from**	당신이 어디서 왔는지
popularity	인기	**be tied to ~**	~에 얽매이다

What is your way of letting go of past glories or wounds and
returning to the present?
과거의 영광이나 상처를 잊고 현재로 돌아가기 위한 당신만의 방법은 무엇인가요?

The brick walls are there to give us a chance to show how badly we want something.

벽은 우리가 무언가를 얼마나 간절히 원하는지 보여 줄 기회를 주기 위해 존재한다.

Randy Pausch | 랜디 포시

Imagine there is a big wall in front of you. Have you ever thought that the wall is not there to block your path, but to give you an opportunity? Walls are there to stop those who are not truly determined. At the same time, walls give you a chance to show how much you really want to cross them. Let's get ready to overcome the barriers. And let's climb over them!

당신 앞에 커다란 벽이 있다고 상상해 보세요. 그 벽이 당신의 길을 막기 위해서가 아니라, 당신에게 기회를 주기 위해 존재한다고 생각해 본 적 있나요? 벽은 진심으로 간절하지 않은 사람들을 막아 줍니다. 그리고 이와 동시에, 당신이 얼마나 벽을 넘고 싶어 하는지 보여 줄 기회를 줍니다. 장벽을 넘을 준비를 합시다. 그리고 벽을 넘어섭시다!

badly	간절히, 몹시	**path**	길
in front of	~의 앞에	**overcome**	극복하다

Why do you think it is important to keep trying, even if things do not work out right away?

당장은 일이 잘 풀리지 않더라도, 계속 시도하는 것이 중요하다고 생각하는 이유는 무엇인가요?

You can't go back and change the beginning, but you can start where you are and change the ending.

처음으로 돌아가 시작을 바꿀 수는 없지만, 지금 있는 곳에서 끝을 바꿀 수는 있다.

C. S. Lewis | C. S. 루이스

You have the power to change your story. The choices you make today can transform your future and lead to a better, different ending. So, don't dwell on past mistakes or missed opportunities that cannot be changed. Instead, focus on what you can do now to create a new story. Your life is still being written, and the best moments are yet to come.

당신에게는 당신의 이야기를 바꿀 힘이 있습니다. 오늘 당신이 내리는 선택들이 미래를 바꾸고 당신을 더 나은, 또 다른 결말로 이끌 수 있습니다. 그러니 과거의 실수나 놓쳐 버린 기회처럼 바꿀 수 없는 것에 집착하지 마세요. 대신, 지금 할 수 있는 일에 집중하고 새로운 이야기를 만들어 가세요. 여러분의 인생은 지금도 쓰이고 있고, 최고의 순간은 아직 오지 않았습니다.

where you are	당신이 있는 곳	**dwell on ~**	~을 곱씹다
transform	변화시키다	**yet**	아직

Is there something in your past that you wish you could change?
Do you still feel that way now?

바꾸고 싶은 과거가 있나요? 지금도 여전히 그 과거를 바꾸고 싶은가요?

You yourself, as much as anybody in the entire universe, deserve your love and affection.

당신은, 이 우주의 그 누구 못지않게, 당신의 사랑과 애정을 받을 자격이 있다.

Buddha | 부처

How do you treat those you love? You look at them with loving eyes, forgive them when they make mistakes, and encourage them to be their best selves. Treat yourself the same way. Be kind to yourself and embrace your imperfections, no matter who you are or what you have done. Remember, the loneliest person in the world is not someone who is not loved by others, but someone who does not love oneself.

당신은 사랑하는 사람들을 어떻게 대하나요? 사랑스러운 눈빛으로 바라보고, 실수를 해도 용서하고, 최선의 모습을 발휘하도록 격려해 주지 않나요? 자기 자신도 똑같은 방식으로 대해 보세요. 당신이 누구든 무엇을 했든, 스스로에게 친절해지고 자신의 부족함을 받아들여 보세요. 세상에서 가장 외로운 사람은 남들에게 사랑받지 못하는 사람이 아니라, 스스로를 사랑하지 않는 사람이라는 것을 기억하세요.

affection	애정	**the same way**	똑같은 방식으로
treat	대하다	**embrace**	받아들이다

Shall we think of one way you can practice self-love or self-care today?

스스로를 사랑하거나 돌보기 위해 오늘 당신이 실천할 수 있는 방법 한 가지를 떠올려 볼까요?

Don't choose the one who is beautiful to the world. But rather, choose the one who makes your world beautiful.

세상 모두에게 아름다운 사람을 선택하지 마라. 당신의 세상을 아름답게 만드는 사람을 선택하라.

Harry Styles | 해리 스타일스

Is there someone who has made your life beautiful? Now, take a moment to think of that person's name and face. Then, think about what you would like to say to them. Are you done thinking? Now, grab your phone and give them a call. If you feel too shy to call, you can reach out to them through a letter or a short message.

당신의 삶을 아름답게 만들어 준 사람이 있나요? 지금 그 사람의 이름과 얼굴을 떠올려 보세요. 그리고 그 사람에게 하고 싶은 말을 생각해 보세요. 다 생각해 보았나요? 자, 그럼 이제 휴대폰을 들어 그 사람에게 전화를 걸어 보세요. 만약 전화하는 것이 쑥스러우면, 편지나 짧은 메시지로 연락해 볼 수도 있어요.

rather	대신에	**give ~ a call**	~에게 전화하다
make ~ beautiful	~을 아름답게 만들다	**shy**	쑥스러운, 부끄러운

Who is someone in your life who makes you feel happy or special?
당신을 행복하거나 특별하게 만들어 주는 사람은 누구인가요?

04

스스로가
초라하게 느껴질 때

자라나는 아이를 지켜보듯 '나'를 바라보기

　필사책을 선물받은 후, 수진은 민호의 조언에 따라 매일 영어 명언을 하나씩 필사해 나갔다. 예전에는 자기 전에 습관처럼 유튜브 영상 목록을 뒤적였다면, 이제는 잠든 지원이의 방문을 닫고 나오자마자 거실 책상 앞에 앉아 바로 필사를 시작했다. '지원이를 재운 직후', '책상 앞'. 영어 필사를 꾸준히 실천하기 위해 자신만의 '시간'과 '장소'를 정한 것이다.

　목표를 달성하려고 조금씩 노력해 가는 게 얼마 만인지…… 처음에는 오랜만에 잡아 본 연필이 다소 어색하게 느껴지기도 했다. 하지만 언제 그랬냐는 듯, 어느새 필사가 점차 일상의 한 부분으로 자리 잡아 가고 있었다. 때로는 10분이 너무 짧게 느껴지기도 했지만, 일단은 무리하지 않고 작은 것부터 시작해 나가기로 마음을 다졌다.

그렇게 영어 필사를 시작한 지 20일이 지났을 즈음, 수진은 지원이의 유치원 학부모 모임에 참석하게 되었다. 처음에는 소소한 이야기가 오가더니, 이내 대화의 주제가 아이들의 영어 교육 쪽으로 흘렀다. 몇몇 학부모들이 자신만의 소위 '엄마표', '아빠표' 영어 교육 노하우를 공유하기 시작했다.

민지라는 아이의 엄마가 커피를 홀짝이며 경쾌하게 말했다.

"저는 요즘 저희 애한테 영어로 된 동화책을 읽어 주고 있어요. 영어 원서를 읽는 게 아이들 영어 공부에 그렇게 좋다더라고요. 제 전공이 영문학이라 옆에서 어느 정도 같이 봐 줄 수도 있거든요."

지호라는 아이의 아빠도 고개를 끄덕이며 덧붙였다.

"저희 가족은 일 때문에 미국에서 3년 정도 살다 왔어요. 지호가 그때 배운 영어를 잊지 않게 집에서 가족끼리 최대한 영어로 대화하고 있어요."

열띤 대화가 오가는 가운데 수진은 아무 말도 할 수 없었다. 그녀는 해외에서 살아 본 경험도, 유창한 영어 실력도 없었으니까. 이제 겨우 간단한 영어 명언 필사를 다시 시작했을 뿐이었다. 모임이 끝나고 집으로 돌아오는 길, 수진의 마음속에는 무거운 생각이 꼬리에 꼬리를 물고 이어졌다.

'하루에 고작 10분 필사하는 걸로 어느 세월에 영어를 잘하게 될까? 내가 저 사람들 발끝만큼이라도 따라갈 수 있으려나? 굳이 아등바등 애쓰지 않는 게 나을지도 몰라. 괜히 지원이한테도 미안해지네…….'

그날 밤, 지원이를 재우고 난 수진은 필사책을 펼치지 못했다. 새로운 시작에 대한 설렘과 의욕으로 충만했던 마음이 이제는 익숙한 무력감과 자책으로 물들고 있었다.

며칠 후, 수진은 카페에서 현정을 다시 만났다. 이미 대충 이야기를 전해 들은 현정은 수진에게 디저트와 따뜻한 차를 시켜 주었다.

"그러니까, 요즘 슬럼프에 빠진 것 같다고?"

현정이 조심스럽게 물었다.

"응…….. 민호 선생님을 만나고 처음에는 동기 부여가 정말 많이 됐어. 필사를 하면서 단순히 영어 공부만 하는 게 아니라, 마음에 와닿는 명언들도 곱씹어 볼 수 있어서 특히 더 좋았고. 그런데 얼마 전에 지원이 유치원 학부모 모임에 다녀온 뒤로 자신감이 완전히 사라졌어."

이어서 수진은 그날 학부모 모임에서 있었던 일을 현정에게 모두 이야기했다. 다른 학부모들의 해외 경험과 유창한 영어 실력, 그리고 그 옆에서 한없이 초라해졌던 자신의 모습을 다시 떠올리니 마음이 괴로웠다.

"그 사람들은 이미 아이들과 영어로 대화도 나누고, 책도 읽어 주는데…… 나는 이제 겨우 하루에 10분씩 필사를 하기 시작했으니까, 이게 다 무슨 의미가 있나 싶더라고."

수진의 목소리가 점점 작아지자 조용히 듣고 있던 현정이 말했다.

"수진아, 필사를 시작한 네 모습이 참 좋아 보여서 나도 기뻤는데……. 생각해 보니, 나도 비슷한 이유로 영어를 포기할 뻔한 적이 있었어. 유학이나 어학연수를 다녀온 친구들 틈에서 한없이 작아졌거든. 그때 민호 오빠가 아끼지 않고 응원과 조언을 해 준 덕분에 슬럼프를 극복할 수 있었어. 너도 민호 오빠에게 다시 상담을 받아 보는 게 어때?"

수진은 망설였다.

"아냐, 선생님을 또 찾아가는 건 민폐 같아."

"무슨 소리야. 오빠는 언제나 사람들을 돕고 싶어 해. 이미 다른 사람들의 영어 고민을 해결해 준 경험이 많으니까, 네 상황을 이야기하면 분명 뭔가 조언을 해 줄 거야. 꼭 한번 연락해 봐."

현정은 확신에 찬 표정으로 민호의 연락처를 알려 주었다.

수진은 마지못해 고개를 끄덕였다. 다시 한번 용기를 내 보기로 했다.

✦

수진은 약속한 시간에 맞춰 민호의 영어 스피치 학원을 방문했다. 벽면 곳곳에 학생들이 웃는 사진과 손으로 쓴 영어 명언들이 붙어 있었다. 곧이어 민호가 얼굴 가득 미소를 띠고 나타나서 수진을 반겼다.

"오랜만이에요, 수진 씨! 잘 오셨어요."

수진도 어색하게 웃으며 인사를 건넸다.

"안녕하세요, 선생님. 잘 지내셨어요? 바쁘실 텐데 이렇게 선뜻 시간 내 주셔서 감사해요."

"천만에요."

민호는 수진을 상담실로 안내했고, 수진은 살짝 긴장한 표정으로 자리에 앉았다.

"선생님 덕분에 한동안 정말 즐겁게 영어 공부를 했어요. 필사 습관도 조금씩 자리를 잡아 가고 있었는데…… 어쩌다 보니 이게 한순간에 무너졌네요. 필사책도 선물해 주시고, 여러모로 조언도 많이 해 주셨는데 중간에 멈춰 버려서 부끄러워요."

이내 수진은 현정에게 나누었던 고민을 민호에게도 털어놓았다. 민호는 수진의 말을 끝까지 경청한 후에 부드럽게 말문을 열었다.

"수진 씨, 솔직한 이야기 고마워요. 요 며칠 마음고생 많았겠어요. 제가 가장 먼저 드리고 싶은 말씀은, 수진 씨가 그동안 3주 가까이 영어 필사를 꾸준히 해 왔다는 거예요. 그것부터가 이미 큰 성취예요."

"하지만 영어 실력이 늘고 있는지도 잘 모르겠고, 다른 사람들에 비하면 너무 미미한 성취 같아서요."

"그렇게 느낄 수 있어요. 그런데 언어 공부란, 자라나는 아이를 지켜보는 것과 비슷하다고 해요. 매일 곁에서 지켜보는 사람은 아이의 변화를 크게 느끼지 못하지만, 아이는 분명 조금씩 꾸준히 성장하고 있는 거죠. 그리고, 다른 사람과 비교할 필요 없어요. 식상하게 들릴 수 있지만, 현재의 내가 과거의 나보다 얼마나 더 나아졌는지가 중요할 뿐이에요. 수진 씨 스스로 잘 느끼지 못할 뿐, 분명 처음에 비해 달라진 점이 있을 거예요."

수진은 그 말을 듣고 생각에 잠겼다. 그러고 보니, 사소하기는 하지만 변화가 아예 없지는 않았다. 필사를 하면서 유독 감명 깊었던 명언 몇 구절을 영어 원문 그대로 외고 다닐 수 있게 된 것이다. 의미가 마음 깊이 와닿아서 그런지 기억에 더 오래 남는 것 같았다. 수진의 얼굴에서 미세하게 먹구름이 걷히자, 민호의 얼굴에도 뿌듯한 미소가 떠올랐다.

Week 5

Happiness and Positivity

✦ 행복과 긍정 ✦

서두를 필요 없다. 반짝일 필요도 없다. 그저 자기 자신이면 된다.

성공은 행복의 열쇠가 아니다. 행복이 성공의 열쇠이다.

당신의 삶을 찬양하고 축하할수록, 축하할 일이 삶에 더 많아진다.

그날 하루를 당신이 수확한 것으로 판단하지 말고, 당신이 심은 씨앗으로 판단하라.

당신이 최선의 모습으로 살아갈 때,
당신은 다른 사람들 또한 최선의 모습으로 살아가도록 영감을 준다.

No need to hurry. No need to sparkle. No need to be anybody but oneself.

서두를 필요 없다. 반짝일 필요도 없다. 그저 자기 자신이면 된다.

Virginia Woolf | 버지니아 울프

In spring, cherry blossoms are beautiful. Roses bloom in summer, cosmos bloom in autumn, and camellias bloom in winter. Every flower blooms in its unique season. Now, how about taking a moment with a relaxed heart to appreciate the flowers in full blossoms right now? And with a heart filled with joy, wait for your own blooming season to come. One day, you too will bloom beautifully, receiving blessings from other flowers.

봄에는 벚꽃이 아름답습니다. 여름에는 장미가 꽃을 피우고, 가을에는 코스모스가 만개하며, 겨울에는 동백꽃이 활짝 피어납니다. 모든 꽃은 저마다 피어나는 시기가 있습니다. 느긋한 마음으로 지금 피어나는 다른 꽃들을 감상해 보면 어떨까요? 그리고 기쁨 가득한 마음으로, 당신이 만개할 계절을 기다리세요. 언젠가 당신도 다른 꽃들의 축복을 받으며 아름답게 피어나는 날이 올 것입니다.

no need to ~	~할 필요 없다	**bloom**	꽃을 피우다
in spring	봄에	**wait for ~**	~을 기다리다

Can you remember a time when you felt calm and comfortable being yourself? What was it like?

나답게 살면서 평온함과 편안함을 느꼈던 때를 떠올려 볼 수 있나요?
그때 어떤 느낌이었나요?

Success is not the key to happiness. Happiness is the key to success.

성공은 행복의 열쇠가 아니다. 행복이 성공의 열쇠이다.

Albert Schweitzer ㅣ 알베르트 슈바이처

A person who finds meaning and enjoyment in their work is less likely to fail in that field. They do not sacrifice their time to succeed; instead, they use their time doing what they believe is valuable. This leads them to achieve success in a greater sense.

자신의 일에서 의미와 재미를 발견한 사람은 그 분야에서 실패할 확률이 적습니다. 그들은 성공을 위해 시간을 희생하는 대신, 스스로 가치 있다고 믿는 일에 시간을 사용합니다. 이는 그들을 보다 큰 의미의 성공으로 이끌어 줍니다.

key to ~	~의 열쇠	**instead**	대신에
be less likely to ~	~할 가능성이 적다	**sacrifice**	희생하다

Have you ever experienced things going better when you were feeling happy?

행복할 때 어떤 일이 더 잘 풀린 경험이 있나요?

The more you praise and celebrate your life, the more there is in life to celebrate.

당신의 삶을 찬양하고 축하할수록, 축하할 일이 삶에 더 많아진다.

Oprah Winfrey | 오프라 윈프리

If you cultivate your mind like a garden filled with gratitude and celebration, it will bloom with colorful flowers and attract more butterflies of joy. Try to recall one thing that is worth celebrating or being thankful for today. Then, think of three people who have to do with it, and express your gratitude for them.

당신의 마음을 감사와 축하로 가득 찬 정원처럼 가꾸면, 그곳에는 형형색색의 꽃이 피어나고 기쁨이라는 나비가 더 많이 찾아들 것입니다. 오늘 하루 중 축하하거나 감사할 만한 일을 생각해 보세요. 그리고 그 일과 관련된 세 사람을 떠올린 뒤, 그들에게 고마운 마음을 표현해 보세요.

celebrate	축하하다	filled with ~	~으로 가득 찬
cultivate	가꾸다, 기르다	be worth ~ing	~할 가치가 있다

How can you make celebrating and being grateful a part of your
everyday life?
축하하고 감사하는 마음이 당신의 일상 속에 자리 잡게 하려면 어떻게 해야 할까요?

Don't judge each day by the harvest you reap, but by the seeds that you plant.

그날 하루를 당신이 수확한 것으로 판단하지 말고, 당신이 심은 씨앗으로 판단하라.

Robert Louis Stevenson | 로버트 루이스 스티븐슨

In Jewish culture, parents do not ask their children, "What did you learn today?" Instead, they are said to inquire, "What questions did you ask today?" They do so because they value the process over results. They know that the *knowledge* growing from the seeds of *inquiry* yields larger and sweeter fruits. So, it is okay if you do not understand something while studying. Embrace your curiosity and keep asking questions bit by bit like planting seeds. In time, today's seeds will bring tomorrow's fruits.

유대인 부모들은 자녀에게 "오늘 무엇을 배웠니?"라고 묻지 않습니다. 대신, 그들은 "오늘 어떤 질문을 했니?" 라고 물어본다고 합니다. 결과보다 과정을 더 중시하기 때문입니다. 그들은 '질문'이라는 씨앗에서 자라난 '지식'이 더 크고 달콤한 열매를 맺는다는 것을 압니다. 그러니, 공부하는 동안 무언가가 잘 이해되지 않아도 괜찮습니다. 씨앗을 심듯 호기심을 품고 계속 조금씩 질문해 나가세요. 결국, 오늘의 씨앗이 내일의 열매를 가져다 줄 겁니다.

judge	판단하다	while ~ing	~하는 동안
be said to ~	~라고 한다	keep ~ing	~을 계속하다

What small step can you take today to plant a "seed" for your
future learning?

미래의 배움을 위해 오늘 어떤 작은 "씨앗"을 심을 수 있을까요?

When you are living the best version of yourself, you inspire others to live the best versions of themselves.

당신이 최선의 모습으로 살아갈 때, 당신은 다른 사람들 또한 최선의 모습으로 살아 가도록 영감을 준다.

Steve Maraboli | 스티브 마라볼리

There was a child who did not like to eat. A childcare expert brought the child to other kids who ate their meals with great appetite. Miraculously, the child who did not like to eat began to enjoy the meal, too. Action is contagious. So, don't just tell others what to do; instead, show them what you want them to do through your actions.

밥 먹는 것을 좋아하지 않는 아이가 있었습니다. 한 육아 전문가가 그 아이를 밥을 잘 먹는 다른 아이들 곁으로 데려갔습니다. 그러자 먹는 것을 좋아하지 않던 아이도 기적처럼 맛있게 밥을 먹기 시작했습니다. 행동은 전염 됩니다. 그러니, 다른 이들에게 무엇을 하라고 지시하는 대신, 그들이 했으면 하는 것을 당신의 행동으로 보여 주세요.

inspire ~ to ...	~가 … 하도록 영감을 주다	**contagious**	전염되는
appetite	식욕	**through**	~을 통해

Can you think of someone who inspires you to be your best?
How do they do so?

당신이 최선을 다하도록 영감을 주는 사람을 떠올려 볼 수 있나요?
그 사람은 어떻게 그렇게 하나요?

05

서두를 필요도,
반짝일 필요도 없다

그저 '나'로서 충분해

민호는 조금씩 다시 갈피를 잡아 가는 듯한 수진을 보며 부드럽게 말을 이어 나갔다.

"또 한 가지를 말씀드리면, 지금의 방식이 효과적이지 않다고 느껴질 때, 이것저것 조금씩 바꿔 보면서 수진 씨에게 더 잘 맞는 학습법을 찾아가는 것도 좋아요. 그러려면 우선 자기 자신을 잘 알아야 해요. 예를 들어 볼까요? 수진 씨는 어떤 일을 할 때 혼자 하기보다는 다른 사람들과 함께 하는 편을 더 좋아하세요?"

수진은 멈칫했다. 이 부분에 대해 깊게 생각해 본 적이 없는 것 같았다.

"아…… 저는 옆에서 함께 하는 사람이 있을 때 확실히 조금 더 꾸준히, 더 열심히 하게 되는 것 같기는 해요. 혼자 하면 금방 포기할 때가 많은데, 잘하고 있는지 누구와 같이 확인하고 서로 격려해 주면 동기 부여가 더 잘되더라고요."

"그렇다면, 저희 학원 학생들이 많이 쓰는 방법을 하나 알려 드릴게요. 수진 씨가 그날그날 필사한 페이지나 명언을 사진으로 찍어서 인스타그램이나 블로그 같은 SNS에 올려 보면 어떨까요? SNS를 하지 않는다면, 가족이나 친구들에게 메시지로 간단히 보내 줘도 되고요."

"제가 필사한 걸 주변에 공유하라고요?"

"맞아요. 흔히들 '인증샷'이라고 부르죠? 인증샷을 꾸준히 올리면 수진 씨가 필사를 잘하고 있는지 지켜보는 사람들이 생길 테고, 자신이 한 말과 행동에 책임지기 위해 수진 씨 스스로도 더 끈기 있게 필사를 이어 갈 거예요. 게다가 주위에서 응원도 받을 테니, 더 즐겁게 의욕적으로 임하게 되고요. 수진 씨도 이미 잘 알겠지만, '함께'의 힘은 강력해요."

민호의 제안은 수진의 마음을 다시 움직였다. 민호가 잠시 자리를 비우자, 수진은 혹시나 하는 마음에 챙겨 온 필사책을 가방에서 꺼내 펼쳐 보았다. 새로운 페이지에는 버지니아 울프의 명언이 적혀 있었다.

No need to hurry. No need to sparkle.
No need to be anybody but oneself.
서두를 필요 없다. 반짝일 필요도 없다. 그저 자기 자신이면 된다.

어쩌면 지금 수진에게 가장 필요한 말이었다. 한 문장 한 문장이 모두 자신을 다독여 주는 것 같았다. 남들과 비교할 필요 없다고, 나만의 방식으로 묵묵히 나아가면 된다고. 수진은 천천히 명언을 써 내려가며 그 의미를 여러 번 되뇌었다. 그리고 지난 20일 동안 필사를 할 때마다 느꼈던 성취감, 영어에 조금씩 재미를 붙여 가던 자신의 모습을 떠올렸다. 연필을 쥔 수진의 손이 오랜만에 힘차게 움직였다.

때마침 상담실로 돌아온 민호가 수진 앞에 펼쳐진 필사책을 보고 반갑게 말했다.

"그새 필사를 다시 시작했네요!"

수진은 조금 쑥스럽다는 듯 웃어 보였다.

"네, 다시 시작하기로 마음먹은 김에 바로 한 장을 필사해 봤어요. 하마터면 포기할 뻔했는데, 선생님 덕분에 또 한 번 길을 찾게 되네요."

"에이, 그렇게 결심한 것도 결국 수진 씨 스스로 한 일이죠. 자, 이제 영어 습관을 만드는 마지막 팁을 드릴게요. 앞서 말씀드린 것들보다 더 중요한 거예요."

수진은 그 말에 호기심을 느끼며 자세를 고쳐 앉았다.

"바로 수진 씨가 스스로를 칭찬하고 격려해 줘야 해요. 습관을 만드는 건 단순한 의지나 시간 투자의 문제가 아니에요. 사실, 핵심은 '습관을 형성하는 과정에서 우리가 어떤 감정을 느끼느냐'에 있어요. 우리가 어떤 행동을 하면서 즐거움이나 보람을 느끼면, 그 행동은 우리 일상 속에 습관으로 자리 잡기 훨씬 쉬워요."

수진은 가만히 고개를 끄덕였다. 이번에는 민호가 무슨 이야기를 하는지 바로 알 것 같았다.

"많은 사람들이 영어 습관을 만드는 데 실패하는 이유가, 충분히 노력한 후에도 자신을 칭찬하지 않고 오히려 더 잘해야 한다고 채찍질하기 때문이에요. 그러면 그 행동을 하는 게 만족스럽거나 즐겁지 않겠죠. 그러면 그 행동은 우리 일상에 자연스럽게 스며들지 못하고 말아요."

그 말에 수진은 깊이 공감했다.

"하긴. 저도 학생 때부터 지금까지 영어 공부를 하면서 스스로를 칭찬해 본 적이 한 번도 없어요. 늘 제 자신이 부족하다는 생각만 들었거든요."

민호가 고개를 끄덕이며 말했다.

"그러니 이제부터는 수진 씨가 해낸 것들을 스스로 조금씩 인정해 주면 좋겠어요. 아까도 말씀드렸지만, 수진 씨는 변화를 위해 영어 필사에 새롭게 도전했고, 그 도전을 20일이나 꾸준히 이어 왔어요. 그러니 쑥스럽더라도 스스로를 자주 칭찬해 주세요. 매일의 작은 성취를 축하하기 위해 스스로에게 작은 선물을 주거나, 수진 씨만의 의식 같은 걸 만들어도 좋아요."

수진은 그 말을 듣고 지난 몇 주를 떠올려 보았다. 학부모 모임이 있기 전까지는 영어 필사를 하루도 거르지 않고 20일 동안 해 왔다. 연필을 잡기 힘들 정도로 피곤한 날도 있었고, 유튜브를 보고 싶은 마음이 굴뚝같은 날도 있었지만, 수진은 자신과의 약속을 저버리지 않았다. 필사를 통해 십수 년이 넘도록 손 놓고 있던 영어와 다시 연결된 느낌도 들었다. 사소하지만 분명 그동안 이뤄 온 것들이 있었다.

민호는 한결 밝아진 수진의 표정을 흐뭇하게 바라보았다.

"어때요? 생각해 보니 칭찬할 거리가 있죠? 수진 씨는 이미 훌륭하게 잘해 왔어요. 그러니 오늘부터는 그 노력을 보상해 주는 작은 의식을 습관에 더해 보면 어떨까요?"

수진은 잠시 생각하더니 상상만 해도 기쁘다는 듯이 말했다.

"그렇네요. 앞으로는 필사를 할 때 그냥 책상에 앉는 대신, 제가 좋아하는 따뜻한 허브티를 한잔 곁들일까 봐요. 그러면 아늑한 느낌도 들고, 오늘도 해 냈다는 사실을 소소하게 축하하는 시간이 될 것 같아요."

민호는 엄지를 치켜세웠다.

"정말 좋은 생각이에요. 그러면 필사 시간이 더 기대되고 즐거워지면서 더 오래, 더 자주 필사를 하고 싶어질 거예요. 그게 계속되면 자연스레 습관이 되고요. 이미 충분히 잘하고 있으니, 수진 씨만의 방식으로 이렇게 쭉 해 나가면서 매일 스스로를 독려해 주세요."

어느덧 창밖으로 해가 저물고 있었다. 수진은 필사책을 챙겨 자리에서 일어났다.

"선생님, 감사해요. 방황하고 있었는데 덕분에 다시 마음을 다잡았어요. 여기 오길 정말 잘한 것 같아요."

민호는 고개를 저으며 특유의 밝고 따뜻한 미소를 지어 보였다.

"제가 도움이 됐다니 기뻐요. 하지만 진짜 중요한 건 수진 씨가 이미 해 온, 그리고 앞으로 해 나갈 노력들이에요. 계속 응원할게요."

학원을 나서는 수진의 발걸음은 들어올 때와 달리 홀가분했다.

'용기 내서 선생님을 다시 찾아오길 정말 잘했다. 오늘 필사를 마치고 나면, 잘했다고 나를 꼭 칭찬해 주자.'

굳은 결심이 수진의 마음 한편에 자리 잡았다.

Week 6

Courage

✦ 용기 ✦

당신을 두렵게 하는 한 가지를 매일 하라.

쉬운 인생을 위해 기도하지 마라. 어려운 인생을 견뎌 내는 힘을 위해 기도하라.

한계를 그으며 인생을 낭비할 수도 있다. 혹은 그 한계를 넘으며 살 수도 있다.

항상 큰 소리를 내는 것이 용기는 아니다. 하루가 끝날 때
"내일 다시 해 보자"라고 속삭이는 작은 목소리가 용기일 때도 있다.

세상은 모든 사람을 깨뜨리지만, 그 후에 어떤 이들은 그 깨진 곳에서 더 강해진다.

Do one thing every day that scares you.

당신을 두렵게 하는 한 가지를 매일 하라.

Eleanor Roosevelt | 엘리너 루스벨트

A person who is afraid of swimming only feels free outside the water. It can be said that they are merely half-free. But if they learn to swim, they can feel free in the water, too. Let's move beyond half-freedom. You deserve to enjoy greater freedom in life. Face your fears and embrace true freedom.

수영을 두려워하는 사람은 물 밖에서만 그 자유를 느낍니다. 그 사람은 절반만 자유롭다고 할 수 있겠죠. 하지만 그 사람이 수영을 배우게 된다면, 물 속에서도 자유를 느낄 수 있습니다. 반쪽짜리 자유에서 벗어나 봅시다. 당신은 삶에서 더 큰 자유를 누릴 자격이 있습니다. 두려움에 맞서고 진정한 자유를 만끽하세요.

learn to ~	~하는 것을 배우다	**deserve to ~**	~할 자격이 있다
move beyond ~	~을 넘어서다	**face**	~에 맞서다

What small step can you take today to face something that scares you?
당신을 두렵게 하는 무언가에 맞서기 위해 오늘 어떤 작은 발걸음을 내디딜 수 있나요?

Do not pray for an easy life, pray for the strength to endure a difficult one.

쉬운 인생을 위해 기도하지 마라. 어려운 인생을 견뎌 내는 힘을 위해 기도하라.

Bruce Lee | 브루스 리

A person who is simply given a fish will not be hungry for just one meal, but a person who learns to catch fish will not be hungry for a lifetime. What is easily gained is easily lost. But what is earned with dedication becomes truly yours. In which way would you like to get your fish?

그저 한 마리의 고기를 얻은 사람은 한 끼 배고프지 않겠지만, 고기 잡는 법을 배운 사람은 평생 배고프지 않을 것입니다. 쉽게 얻은 것은 쉽게 사라집니다. 하지만 노력해서 제대로 얻은 것은 정말로 당신의 것이 됩니다. 당신은 어떠한 방식으로 고기를 구하고 싶은가요?

pray for ~	~을 위해 기도하다	**for a lifetime**	평생
endure	견디다	**dedication**	노력, 헌신

What is one thing you want to get better at?
How can you start working on it today?

당신이 더 잘하고 싶은 한 가지는 무엇인가요?
오늘부터 어떻게 그 일을 시작할 수 있을까요?

You can waste your lives drawing lines. Or you can live your life crossing them.

한계를 그으며 인생을 낭비할 수도 있다. 혹은 그 한계를 넘으며 살 수도 있다.

Shonda Rhimes | 숀다 라임스

In the fairy tale *Rapunzel*, the witch makes Rapunzel always stay inside the tower, warning her that the world outside is dangerous. Following the witch's words, Rapunzel does not venture to step out of the tower for a long time, even though there are no guards watching over her. Can you see what has truly kept Rapunzel inside? Sometimes, what confines us is not an external force but limits that we draw ourselves. Now, let's turn these limits into starting lines, and let's break away from our own towers.

동화 「라푼젤」에서, 마녀는 라푼젤에게 바깥세상은 위험하다고 경고하며 항상 탑 안에 머무르도록 합니다. 라푼젤은 그 말을 따르며 오랜 시간 탑 바깥으로 나갈 용기를 내지 못합니다. 경비병이 그녀를 지켜보고 있는 것도 아닌데 말이죠. 라푼젤을 탑 안에 가둬 둔 것이 무엇이었는지 알겠나요? 때로는 외부의 압력이 아니라 우리 자신이 그은 한계가 스스로를 가두고는 합니다. 이제는 이 한계를 출발선으로 바꾸어, 우리 내면의 탑에서 벗어나 봅시다.

fairy tale	동화	**external force**	외력
confine	가두다	**limit**	한계

Why do you think it is important to try new things in life?
인생에서 새로운 것을 시도하는 일이 왜 중요하다고 생각하나요?

Courage doesn't always roar. Sometimes courage is the little voice at the end of the day that says I'll try again tomorrow.

항상 큰 소리를 내는 것이 용기는 아니다. 하루가 끝날 때 "내일 다시 해 보자"라고 속삭이는 작은 목소리가 용기일 때도 있다.

Mary Anne Radmacher | 메리 앤 래드마허

Captain America in *The Avengers* is a courageous character, boldly shouting "Avengers, assemble!" while fighting the villain Thanos. But you do not have to be a superhero to be courageous, because courage also exists in everyday life. It takes courage for a student to decide whether to ask a question in class, or for someone to decide whether to greet a neighbor in the elevator. In some sense, we all have a little hero within us. So, take a moment and listen to the soft whisper in your heart: "Shall we try again?"

영화 「어벤져스」의 캡틴 아메리카는 "어벤져스, 집합!"을 큰 소리로 외치며 악당 타노스와 싸우는 용감한 캐릭터입니다. 하지만 슈퍼히어로로만이 용기를 발휘할 수 있는 것은 아닙니다. 용기는 일상 속에도 존재하기 때문입니다. 수업 시간에 질문을 할지 말지 고민하는 학생에게도, 엘리베이터에서 만난 이웃에게 인사를 건넬지 말지 고민하는 사람에게도 모두 용기가 필요합니다. 어떤 의미에서, 우리는 모두 마음속에 작은 영웅이 있는 셈이죠. 그러니, 당신의 마음속에서 "다시 한번 해 볼까?" 하고 부드럽게 속삭이는 작은 목소리에 귀 기울여 보세요.

roar	큰 소리를 내다, 포효하다	**greet**	인사하다
boldly	큰 소리로, 대담하게	**Shall we ~?**	우리 ~해 볼까?

Why do you think it is brave to say, "I'll try again tomorrow"?
"내일 다시 해 볼래"라고 말하는 것이 왜 용기 있는 일이라고 생각하나요?

The world breaks everyone, and afterward, some are strong at the broken places.

세상은 모든 사람을 깨뜨리지만, 그 후에 어떤 이들은 그 깨진 곳에서 더 강해진다.

Ernest Hemingway | 어니스트 헤밍웨이

When you press a thumbtack, it stays fixed in the place. But when you press a spring, it bounces back higher. Life is much the same—sometimes the weight of the world crushes us. In those moments, some people give in and collapse, while others use their pain as a springboard to rise even higher. What kind of person are you going to be? Why not have the courage to push through difficulties?

당신이 압정을 누르면 압정은 그 자리에 고정됩니다. 하지만 용수철을 누르면 용수철은 더 높이 튀어 오릅니다. 인생도 이와 같습니다—때로는 삶의 무게가 우리를 짓누릅니다. 이때, 어떤 이들은 그 무게에 굴복하고 주저앉지만, 다른 누군가는 고통을 발판 삼아 더 높이 도약합니다. 당신은 어떤 사람이 될 건가요? 어려움을 뚫고 나갈 용기를 가져 보는 건 어떨까요?

afterward	후에	**give in**	굴복하다
bounce back	다시 튀어 오르다	**collapse**	주저앉다, 무너지다

Can you remember a time when something difficult happened in
your life? How did you get through it?

인생에서 힘들었던 순간이 기억나나요? 당신은 그 순간을 어떻게 극복했나요?

06

우리는 깨진 곳에서
강해진다

쓰다 보면 달아지니까

　수진이 민호에게 상담을 받은 후로 몇 주가 흘렀다. 오늘, 수진은 현정과 함께 간식을 들고 민호의 학원을 다시 찾았다. 만면에 웃음을 띤 두 사람이 문을 열고 들어서자 민호가 그들을 반갑게 맞이했다.

　"안녕하세요, 수진 씨! 현정이도 같이 왔네! 이렇게 두 사람을 함께 보니까 기쁘다."

　"선생님, 잘 지내셨어요? 저 해냈어요. 선생님이 주신 책으로 30일 치 영어 명언을 다 필사했어요!"

　수진은 민호와 인사를 나누자마자 한껏 들떠 보이는 얼굴로 자신의 근황을 이야기했다.

"선생님이 지난번에 조언해 주신 대로, 필사 인증샷을 제 인스타그램에 올리기 시작했어요. 그랬더니 친구들과 지인들이 '좋아요'도 눌러 주고, 댓글도 달아 주면서 저를 응원해 주더라고요. 저 혼자 하는 게 아니라 다른 사람들과 함께 하는 것 같은 느낌이 들어서 더 의욕적으로 하게 됐어요. 이제 저에게 맞는 방법을 찾은 기분이에요."

그 이야기에 현정과 민호는 눈을 맞추며 씩 웃어 보였다. 수진이 계속해서 들뜬 목소리로 말했다.

"그리고 선생님 말씀대로, 스스로를 칭찬해 주는 작은 의식도 만들었어요. 매일 자기 전에 따뜻한 허브티를 예쁜 잔에 담아 마시면서 필사를 했어요. 그랬더니 그 시간이 점점 하루를 마무리하는 저만의 루틴으로 자리 잡으면서, 하루 종일 필사를 하는 그 10분이 기다려지는 거 있죠!"

그런 수진이 대견한 듯 민호가 함박웃음을 지었다.

"정말 멋지네요, 수진 씨! 역시 잘 해낼 줄 알았어요. 수진 씨 본인이 즐겁게 습관을 만들어 나갔다니 듣는 저도 기뻐요."

그때 현정이 이제 생각났다는 듯 입을 열었다.

"참, 수진아! 너 얼마 전에 미국 다녀온 이야기도 오빠한테 해 주면 어떨까?"

그러자 수진이 살짝 수줍어하며 이야기를 시작했다.

"사실 얼마 전에 가족들이 다 함께 미국 여행을 다녀왔어요. 그런데 아주 미미한 차이지만, 필사를 하기 전보다 제 영어 실력이 는 게 느껴지더라고요. 특히, 읽기 실력이요! 물론 영어로 듣거나 말하는 건 여전히 어렵고 쑥스럽긴 한데, 길가의 표지판이나 식당 메뉴에 적힌 영어는 이전보다 조금 더 눈에 잘 들어왔어요."

미국에서의 시간을 떠올리던 수진의 눈이 갑자기 커졌다.

"아, 맞다! 그리고 제가 소설 『노인과 바다』를 좋아해서 하루는 헤밍웨이의 생가와 박물관을 구경하러 갔거든요. 그러다 잠깐 쉴 겸 근처 카페에 갔는데, 곳곳에 헤밍웨이의 소설 속 글귀와 명언들이 장식돼 있더라고요. 그중에 선생님 책에서 봤던 명언이 벽에 적혀 있는 걸 발견하고 너무 반가우면서도 순간 소름이 살짝 돋았어요!

The world breaks everyone, and afterward, some are strong at the broken places.

세상은 모든 사람을 깨뜨리지만, 그 후에 어떤 이들은 그 깨진 곳에서 더 강해진다.

필사하면서 유독 마음에 와닿았던 문장이라 생생하게 기억났죠. 그 문장을 옆에 있던 지원이에게 설명해 주면서 정말 뿌듯했어요. 지원이는 아직 어려서 저게 무슨 의미인지 제대로 이해하지 못했지만요, 하하."

민호는 수진의 이야기에 진심으로 감명을 받은 듯했다. 현정도 옆에서 뿌듯한 웃음을 지었다. 민호가 찬찬히 말했다.

"수진 씨, 수진 씨가 경험한 것이 바로 습관을 통한 학습의 진짜 힘이에요. 공부한 내용이 우리 삶에 조금씩 스며들고, 어느 순간 자연스럽게 눈에 보이게 되죠. 그리고 그걸 알아차릴 때 오는 기쁨은 엄청나요. 세상이 달라 보이지 않았나요?"

수진이 눈빛을 반짝이며 고개를 끄덕였다.

"솔직히 말하면, 선생님을 만나고 영어 필사를 시작하기 전에는 제가 뭔가를 이렇게 해낼 수 있으리라는 생각조차 못 했어요. 도무지 길이 보이지 않는 느낌이었거든요. 그런데 이제는 방향이 잡힌 것 같아요. 아직 갈 길이 멀기는 하지만, 습관도 어느 정도 자리 잡았고, 무엇보다 희망과 자신감이 생겼어요. 앞으로도 계속 이렇게 쭉 도전하면 될 것 같아요."

이어서 수진은 힘찬 목소리로 자신의 다음 목표를 이야기했다.

"그동안 '2단계' 도전까지 끝냈으니, 다음 차례인 '3단계'로 넘어가려고 해요. 매일 자기 전에 10분이 아니라 20분을 내 보려고요. 남편도 제 도전을 적극적으로 응원해서, 지원이를 돌보고 재우는 일이나 집안일도 더 많이 하기 시작했어요. 그 덕분에 저는 하루 일과를 더 일찍 마칠 수 있게 됐고요. 이제 필사를 다시 시작할 때는, 음원을 들으면서 영어 듣기와 말하기도 연습할 거예요. 다음에 또 해외 여행을 가게 되면, 그때는 자신 있게 영어로 말해 보고 싶어요!"

수진이 강연장에서 그를 처음 보았을 때처럼, 민호가 밝고 힘차게 고개를 끄덕였다.

"정말 좋은 계획이네요, 수진 씨. 이미 첫 기반을 탄탄히 다져 놨으니, 이제는 거기서 조금씩 더 확장해 나가기만 하면 돼요."

그는 수진과 현정을 바라보며 진심 어린 목소리로 말을 이었다.

"항상 학생들에게 말하고는 하지만, 저는 궁극적으로 영어란 하나의 도구라고 생각해요. 제가 정말 바라는 건, 학생들이 영어를 배우고 긍정적인 학습 습관을 만드는 걸 넘어서, 자신감과 자기 효능감을 되찾고 더 행복해지는 거예요. 그게 사람들이 영어라는 도구를 통해 이뤘으면 하는 진짜 목표죠. 그래서 수진 씨가 그런 방향으로 변해 가는 모습을 보니 진심으로 기뻐요."

그 말이 마음을 울렸는지, 수진은 살짝 목이 멘 소리로 말했다.

"민호 선생님, 덕분에 많이 성장했고, 행복해졌어요. 정말 감사합니다."

"거봐, 이렇게 잘 해결될 줄 알았다니까. 역시! 내가 적임자에게 도움을 잘 요청했어, 그렇지?"

현정이 살짝 너스레를 떨자 민호가 활짝 웃으며 말했다.

"그래. 잘했다, 현정아. 그리고 수진 씨, 헤밍웨이의 말처럼, 수진 씨는 이미 그 깨진 자리에서 더 강해졌어요."

⚜

　현정과 함께 학원을 나서는 길에, 수진은 마음속에 이전과는 또 다른 희망이 차오르는 것을 느꼈다. 그녀는 새로운 30일의 영어 필사를 앞두고 있었다. 하지만 이전처럼 불안하거나 막막하지는 않았다. 그동안 작은 습관을 쌓아오면서, 그녀의 자신감도 함께 차곡차곡 쌓았기 때문이다.

　수진은 자신이 좋아하는 헤밍웨이의 명언을 다시 한번 떠올렸다.

The world breaks everyone, and afterward,
some are strong at the broken places.

　영어 때문에 무수히 좌절하고 깨지며 상처받았더랬다. 하지만 그 쓰디쓴 순간들을 지나오고 나니, 이렇게 단맛을 경험할 수 있는 날들도 찾아왔다. 앞으로도 실패의 쓴맛을 영영 피할 수는 없을 테다. 하지만 더 이상 두렵지 않았다. 이전보다 단단해져 있었으니까. 수진은 앞으로도 묵묵히 영어 명언을 써나가기로 했다. 이제는 알기 때문이다. 쓰다 보면 달아진다는 것을.

쓰다 보니, 달다 〈 명인편 〉

초판 1쇄 발행 2025년 1월 6일

지은이   이민호
책임편집 백지연
편집   명채린
디자인   오현정
마케팅   두잉글 사업본부

펴낸이   이수영
펴낸곳   롱테일북스
출판등록 제2015-000191호
주소   04033 서울특별시 마포구 양화로 113, 3층(서교동, 순흥빌딩)
전자메일 team@ltinc.net

이 도서는 대한민국에서 제작되었습니다.
이 도서는 친환경 재생용지를 사용하였습니다.
롱테일북스는 롱테일㈜의 출판 브랜드입니다.

ISBN 979-11-93992-45-6 13740